LES ANNÉES D'HIVER

1980-1985

DU MÊME AUTEUR

Psychanalyse et Transversalité, Maspero, 1972.
La Révolution moléculaire, Éd. Recherches, 1977.
L'Inconscient machinique, Éd. Recherches, 1979.

En collaboration avec Gilles Deleuze

L'Anti-Œdipe, Éd. de Minuit, 1972.
Kafka pour une littérature mineure, Éd. de Minuit, 1975.
Rhizome, Éd. de Minuit, 1976.
Mille Plateaux, Éd. de Minuit, 1979.

En collaboration avec Toni Negri

Les Nouveaux Espaces de liberté, Éd. Dominique Bedou, 1985.

FÉLIX GUATTARI

LES ANNÉES D'HIVER
1980-1985

barrault

Directrice littéraire
Betty MIALET

Si vous souhaitez être tenu au courant de la publication de
nos ouvrages, il vous suffit d'en faire la demande aux Éditions
Bernard Barrault, 79, avenue Denfert-Rochereau, Paris 14ᵉ.

© Bernard Barrault, 1986
ISBN : 2-7360-0036-6
Imprimé en France

INTRODUCTION

Je suis de ceux qui vécurent les années soixante comme un printemps qui promettait d'être interminable; aussi ai-je quelque peine à m'accoutumer à ce long hiver des années quatre-vingt! L'histoire fait quelquefois des cadeaux, mais jamais de sentiments. Elle mène son jeu sans se soucier de nos espoirs et de nos déceptions. Mieux vaut, dès lors, en prendre son parti et ne pas trop miser sur un retour obligé de ses saisons. D'autant qu'en vérité rien ne nous assure qu'à cet hiver-là ne succédera pas un nouvel automne ou même un hiver encore plus rude!

Et pourtant, je ne puis me retirer de l'idée que se préparent en sourdine d'autres rendez-vous avec de nouvelles vagues de générosité et d'inventivité collectives, avec une volonté inédite des opprimés de sortir d'eux-mêmes, pour endiguer les politiques mortifères des pouvoirs en place et pour réorienter les finalités de l'activité économique et sociale dans des voies plus humaines, moins absurdes.

Oh! je sais bien! Ce genre de langage sonne à présent plutôt de travers aux oreilles « averties » : ça fait rétro, soixante-huitard attardé... On remarquera, toutefois, que je ne prêche aucune fidélité aux fantasmes des gauches traditionnelles – celui, par exemple, d'une classe ouvrière moteur de l'histoire, porteuse malgré elle d'exhaustions dialectiques – ou bien aux cultes gauchistes d'une spontanéité intrinsèque des masses, dont il suffirait de faire sauter les verrous pour qu'elles s'éveillent, comme par enchantement, et se mettent aussitôt à réinventer le monde! Le retour de bâton réactionnaire auquel nous avons eu droit, ces dernières années, nous aura au moins apporté une chose : un désenchantement sans appel du socius, comme naguère, celui du cosmos, du fait des sciences et des techniques. Malgré tout, je ne récuse pas la période des grandes illusions de la contre-culture, car, à tout prendre, ses simplifications outrancières, ses professions de foi désarmantes de naïveté me paraissent valoir mieux que le cynisme des tenants contemporains du postmodernisme!

Alors donc : je confirme et signe. Je refuse d'infléchir mes positions antérieures pour les adapter au goût du jour. Il me paraît cependant nécessaire de les resituer dans leur contexte d'aujourd'hui, de faire le tri entre ce qui doit être réaffirmé plus haut que jamais et un certain nombre de vieilles lunes idéologiques qu'il est urgent de reléguer au musée des mythes déchus. L'échec, en cours d'accomplissement, de l'expérience socialiste française nous incite d'ailleurs à opérer un tel ré-examen. Qu'est-ce qui a conduit la gauche à laisser perdre une telle chance, peut-être unique dans l'histoire des cinquante dernières années, de réformer en profondeur une société capitaliste développée, pour y renouveler les formes d'expression démocratiques, pour y expérimenter, à grande échelle, des pratiques sociales émancipatrices, pour y accroître largement les espaces de liberté? Pourquoi les socialistes se sont-ils enlisés dans une gestion au jour le jour de la société française? Qu'est-ce qui les a retenus de solliciter, de toutes les couches vivantes qui la composent, une réflexion collective sur les modalités de la production, sur les changements à apporter à la vie urbaine, à la communication, etc. Ils ont préféré tout diriger par le sommet, tout contrôler à partir de leurs appareils partidaires reconvertis, pour l'occasion, dans les rouages de la machine d'État? Pourquoi? Par manque d'idées, d'imagination, de détermination? En raison d'une résistance indomptable de l'adversité conservatrice? Mais n'ont-ils pas eu les mains libres, tout au moins durant la période du fameux «état de grâce». Non, je crois que le fond de l'affaire tient à ce qu'ils n'avaient plus confiance dans la capacité d'un système démocratique de gérer les problèmes complexes d'une société technologiquement avancée et, cela, surtout en temps de crise.

La crise... la crise... Tout vient toujours de là! Il est vrai que les socialistes ne seraient probablement pas arrivés au pouvoir sans elle! Mais elle a tout de même bon dos! Car, enfin, dans cette affaire, on prend constamment l'effet pour la cause, en oubliant un peu vite qu'elle résulte, pour une large part, d'un déséquilibre exceptionnel des rapports de force entre les exploités et les exploiteurs, qui a induit, à l'échelle planétaire, un spectaculaire accroissement de pouvoir de l'ensemble des formations capitalistiques, tant privées qu'étatiques, para-étatiques ou transnationales et d'où il est résulté une colossale accumulation de capital, échappant aux arbitrages politiques antérieurs, aux compromis avec l'économie sociale des pays développés, et obérant dramatiquement les possibilités de survie des pays les plus pauvres du tiers monde. Quant aux dimensions technologiques de la question et tout particulièrement à celles concernant les secteurs de pointe, qu'il me suffise ici de relever que ce n'est certainement pas en singeant les méthodes japonaises d'organisation qu'on fera avancer la seule question importante qu'elles posent, à savoir la nature et les modalités de leur insertion dans le tissu social. Plutôt que de continuer à mettre les nouvelles technologies au service des hiérarchies et des ségrégations oppressives – dont le chômage n'est qu'un des aspects –, les socialistes auraient été mieux avisés d'explorer les possibilités qu'elles offrent en matière de développement des moyens d'expression et de concertation collectifs, et de démultiplication des instances de décision. Mais, là aussi, ils auront tout loupé! Ils se sont moulés sans coup férir, dans le modèle, mis en place par de Gaulle, de personnalisation et de mass-médiatisation du pouvoir. C'est ainsi qu'ils auront peut-être manqué une entrée inespérée dans une ère postmédiatique de libération de la subjectivité collective de sa préfabrication et de son téléguidage par les institutions et les équipements collectifs de normalisation. Les leaders socialistes ont tellement pris l'habitude de traiter le peuple sur un mode infantilisant, comparable en tous points à celui des leaders de droite, qu'ils ne se sont peut-être même pas aperçus à quel degré ils s'en étaient distanciés. En fait, ils n'attendent plus de lui qu'un soutien global, de caractère exclusivement électoral, sans participation en feed-back. Tous les relais sociaux traditionnels ayant gravement dégénéré, il est vrai qu'il finit par y avoir un problème; on se retrouve dans un cercle vicieux : à force d'être livré sans défense aux moulinettes de la subjectivation capitalistique, le bon peuple tend effectivement à devenir de plus en plus irresponsable et certaines de ses composantes deviennent même franchement stupides et odieuses dans leurs rapports avec tout ce qui échappe au consensus.

Il n'en demeure pas moins que ce même peuple, dès lors qu'il parviendrait à retrouver des modes de structuration convenablement redimensionnés et des moyens d'expression adaptés, renouerait certainement très vite avec son génie, redeviendrait apte à se fixer les objectifs les plus élevés, comme maints exemples historiques peuvent l'attester. Quoi qu'il en soit, dans les conditions présentes, il ne peut plus être question, pour une machine de transformation sociale, de prétendre le guider, mais uniquement de l'aider à se ré-inventer, ce qui implique, de sa part, de se défaire de toutes les idéologies qui ne voient en lui qu'une masse amorphe, indifférenciée, travaillée par de bas instincts... Qui nous dit, d'ailleurs, que les instincts soient si bas que ça ? C'est, je le répète, la subjectivation capitalistique qui œuvre dans le sens de l'indifférenciation, de l'équivaloir généralisé – malgré l'exacerbation des spécialisations et des hiérarchies ou à cause d'elles –, et qui nous ramène ainsi bien en deçà du « luxe comportemental » que l'éthologie animale nous révèle. Permettre à chacun de ressaisir sa singularité, redonner une saveur aux gestes commis, aux phrases articulées dans les situations les plus quotidiennes; reconquérir la démocratie à tous les niveaux des pratiques collectives, du face-à-face interpersonnel jusqu'au suffrage universel, accepter pour cela, sans réserve, l'altérité, la divergence des désirs et des intérêts et, par conséquent, les procédures d'affrontement et de négociation qu'elles appellent; expérimenter les technologies nouvelles de communication pour élargir la portée et aviver la vérité des échanges humains; rompre, en un mot, avec l'ensemble des politiques aujourd'hui menées par les capitalismes de style occidental comme par les socialismes de l'Est : voilà quelque chose qui peut paraître utopique, fou... Il s'agit pourtant, à mon sens, de la seule voie d'émancipation qui reste ouverte.

I
POLITIQUE

1980 – POURQUOI COLUCHE

Avec Coluche, la politique française a trouvé sa mesure, son unité de valeur. On sait aujourd'hui qu'un Chirac vaut presque un Coluche, qu'un Marchais ne vaut guère plus, qu'un Mitterrand en vaut deux et que, pour l'instant, un Giscard en vaut trois. Le Coluche lui-même ne cesse de monter à la Bourse des sondages et parallèlement apparaît un début de réveil de l'opinion publique.

Mais les gens en place ne sont pas contents. La candidature Coluche a provoqué chez eux un curieux réflexe, à la fois antipopulo et anti-intello. Chacun y a mis du sien dans les ministères, les préfectures, les états-majors de parti, les journaux, les télés. On a commencé par les sarcasmes, les insultes; on a continué par l'intimidation, les consignes de censure; on en est, à présent, aux menaces de mort.

Coluche est devenu le nouvel ennemi public numéro un, une sorte de déserteur, de traître, de saboteur. En exprimant dans la langue la plus populaire – celle qu'on n'entend jamais à la télé – un refus que partagent des millions de gens, il a réussi à retourner l'arme des médias contre ceux qui estiment en être les possesseurs de droit divin. Il aura suffi de coller la tête de Coluche parmi les candidats pour que tout l'édifice vacille. Cela tient à ce que ces gens-là entendent non seulement se faire obéir mais aussi se faire respecter, devenir objet d'amour, de fascination. Il faut croire qu'on en est arrivé à un point où le rire et l'humour sont devenus plus dangereux qu'une insurrection populaire.

Les castes au pouvoir tolèrent mal qu'un personnage d'aussi basse extraction vienne fourrer son nez dans leurs affaires. Mais, pour elles, la coupe déborde lorsque des intellectuels lui apportent leur soutien. Après avoir tenté de minimiser notre appel – dont seuls de courts extraits ont été publiés dans la grande presse – en le ramenant à un simple mouvement d'humeur du genre « élection piège à cons », on a brusquement découvert qu'il s'agissait d'une « dangereuse propagande démagogique faisant le lit d'un nouveau poujadisme ou même d'un antiparlementarisme de type fasciste ».

Alors, pour couper court aux interprétations, qu'il soit clair que ce qui est visé à travers notre soutien à Coluche, c'est avant tout la *fonction présidentielle*. C'est elle aujourd'hui qui incarne, à nos yeux, la pire des menaces contre les institutions démocratiques en France – ou ce qu'il en reste – et contre les libertés fondamentales. Les champions de l'antiparlementarisme, aujourd'hui, ce sont Giscard d'Estaing, Barre, Peyrefitte, Bonnet... Insensiblement mais implacablement, ils nous conduisent vers un nouveau genre de totalitarisme. L'inquiétude profonde qui traverse toutes les couches de la population française est directement engendrée par ce régime de chômage, d'inflation, d'autoritarisme et de brutalité. Il ne s'agit donc pas, pour nous, uniquement d'appeler à faire barrage à un candidat particulier – en l'occurrence Giscard d'Estaing, le plus réactionnaire des dirigeants que la France ait subi depuis Pétain –, mais, plus fondamentalement, d'en finir avec un système constitutionnel qui livre le pays à ce genre de personnage, qui lui confère les pleins pouvoirs sur l'ensemble des rouages de la société et de l'économie (bombe atomique, police, justice, confection des lois, médias, université, etc.), sans aucun contrôle, sans aucun contrepoids véritable. Quelle que soit l'incurie des « hommes du président » dans la crise actuelle. Quels que soient la corruption, les scandales, les liquidations qui s'attachent à leurs noms.

Disons-le tout net, les moyens proposés par la gauche pour remédier à cette situation non seulement nous paraissent ridiculement inefficaces, mais ils nous semblent aller à contresens du but recherché. Il est inacceptable que les leaders de la gauche continuent de cautionner le jeu truqué des présidentielles, en lui servant de paravent démocratique. Il est inadmissible qu'ils osent briguer la fonction présidentielle dans son état présent, sans dénoncer le fait qu'elle rend impossible toute vie démocratique en France.

La prochaine échéance présidentielle sera peut-être la dernière chance qui nous sera donnée d'enrayer le processus actuel vers un nouveau totalitarisme. La campagne du citoyen Coluche est l'un des moyens qui peut conduire à une mobilisation populaire contre ce régime. C'est pour cela que nous la soutenons.

1981 – CONTRE LE RACISME
À LA FRANÇAISE

Où veut-on en venir ? Dans quelle sorte de société de merde est-on en train de nous précipiter ? Le sort actuel des jeunes Maghrébins de la seconde génération est, à cet égard, exemplaire. Nés en France ou y vivant depuis leur enfance, ils sont aujourd'hui un million cinq cent mille à être pris pour cibles, non seulement par les flics en uniforme, mais aussi par les flics miniatures implantés dans la tête de tout un bon peuple en mal de sécurité. Inutile de leur mettre des étoiles jaunes, on les détecte au premier regard, au *feeling*. Objets de haine et de fascination, l'inconscient collectif les a relégués dans ses zones d'ombre les plus inquiétantes. Ils incarnent tous les maléfices de notre société, toutes les incertitudes de la situation présente. Alors que, dans le meilleur des cas, les travailleurs immigrés de la première génération – vous savez, ceux que l'on voit sur les chantiers avec leurs pelles, leurs marteaux piqueurs, leurs cirés jaunes et leurs gamelles – relevaient d'une sorte de « complexe de l'Oncle Tom », fait de compassion et de mépris, ces jeunes sont vécus comme une nouvelle race de fauves urbains, qui risquent de contaminer,

18

par leur exemple, la partie la plus exposée de notre blanche et saine jeunesse. Leur vitalité provocante est subversive en tant que telle; leur bronzage permanent est ressenti comme une provocation. Et puis, c'est énervant, on dirait qu'ils sont constamment en vacances! Ils semblent aller et venir à leur guise. Il n'est évidemment pas question de réaliser que leur « disponibilité » apparente et, pour quelques-uns, leur délinquance résultent principalement de leur exclusion sociale, du chômage et de la nécessité, fréquente pour nombre d'entre eux, d'échapper au quadrillage territorial. Il est toujours plus facile de criminaliser les victimes et de fantasmer sur leur dos que de faire face aux réalités!

Pour exorciser un tel phénomène, pour chasser cette jeunesse de ses rues et de son imaginaire, la société française a recours à tout un éventail de rituels conjuratoires, de comportements sacrificiels et aussi de mesures discriminatoires d'ordre policier et administratif. Il y a les fantasmes de pogrom, parallèles au discours manifeste des médias. Tout haut, on parle de quotas, de «vrais problèmes», qui seraient mal posés par les élus communistes, tandis que, tout bas, on rêve de chasse à l'homme : « Il faudrait leur couper les couilles à tous ces types-là, pour qu'ils laissent enfin tranquilles nos femmes et nos filles. » Les actes « manqués » de plus en plus fréquents, les bavures policières et les exploits des tenants de l'autodéfense, comme par hasard, atteignent presque toujours des immigrés. Il y a la réalité pénitentiaire : 75 % des détenus mineurs portent un nom arabe. Et il y a la solution finale ou que l'on imagine telle : l'expulsion massive.

Sous le premier prétexte venu, les jeunes Maghrébins – plutôt les jeunes gens que les jeunes filles,
qu'on espère peut-être récupérer et assimiler – sont
expédiés de l'autre côté de la Méditerranée, où ils se
retrouvent dans des pays qu'ils ne connaissent pratiquement pas, au sein desquels ils n'ont pas d'attaches
véritables et qui, d'ailleurs, ne souhaitent nullement
leur venue. Dans ces conditions, 90 % d'entre eux
reviennent en France aussitôt que possible et par
n'importe quel moyen. La France est leur territoire,
sinon leur patrie; ils y ont leurs amis, leur mode de
vie bien particulier. Ils savent qu'un jour ou l'autre
ils seront repris par la police, mis en prison et
réexpulsés, mais ils n'ont pas d'autre choix.

Sans la lucidité et la détermination d'une poignée
de prêtres, de pasteurs et d'anciens militants antico-
lonialistes, l'opinion publique aurait continué d'igno-
rer totalement l'existence de cette noria absurde et
monstrueuse. Pour parvenir à se faire entendre,
certains d'entre eux n'ont pas trouvé d'autres moyens
que d'entamer une grève de la faim illimitée – c'est-
à-dire jusqu'à la mort. Leur objectif, formulé par
Christian Delorme, prêtre lyonnais, est d'obtenir
l'aménagement du texte de loi actuel relatif aux
immigrés, par l'adoption d'une circulaire stipulant
que *les jeunes nés en France ou y ayant vécu plus de
la moitié de leur vie ne pourront plus désormais être
expulsés.* Voilà qui est clair, simple et même modeste.

Une victoire sur ce point, outre qu'elle éclairerait
quelque peu l'avenir des intéressés, aurait l'immense
intérêt de démontrer qu'il est possible aujourd'hui
d'engager des luttes à contre-courant dans des
domaines de ce genre, que rien n'est joué, que tout

est encore possible. La campagne actuelle de soutien aux grévistes de la faim, pour être efficace, pour être à la mesure de son enjeu, s'efforce de trouver des moyens d'expression d'une autre nature que les formes d'action humanitaire traditionnelles. Par exemple, les signataires de l'appel contre « La France de l'apartheid » se sont déclarés prêts à lutter contre les expulsions, y compris par des moyens illégaux. Il ne s'agit donc pas seulement de s'attendrir sur le sort des immigrés, il s'agit de changer un mode de ségrégation raciale profondément ancré dans la subjectivité collective. La nouvelle guerre coloniale interne qui est en train de saisir de l'intérieur les anciennes puissances impérialistes (en Angleterre, en France, en Belgique...) ne concerne pas uniquement un problème sectoriel; il en va de l'avenir de l'ensemble des luttes sociales dans ces pays. Il est clair qu'on ne laissera pas impunément le nouveau type de pouvoir autoritaire inauguré par Giscard d'Estaing se faire la main sur les couches les plus vulnérables de la société. Après la loi Peyrefitte, après la tutelle renforcée sur les médias, les universités, les administrations, c'est un renforcement systématique du contrôle social qui est programmé. On prétend faire de la France une des puissances clés du nouveau capitalisme mondial. Pour cela, il convient de soumettre, de gré ou de force, l'ensemble des populations vivant dans ce pays. Les Français doivent se vivre comme une race dominée par les nouveaux modèles capitalistes et comme une race dominante par rapport à tous ceux qui échappent à ces mêmes modèles. Ils doivent s'habituer à sacrifier leurs propres différences, la particularité de leurs goûts, la singularité de leurs désirs et, symétriquement, celles des autres. Le renouveau des luttes sociales, la redéfinition d'un authentique projet de libération sociale passent inéluctablement par une assumation totale de la multisocialité sur tous les plans et dans tous les domaines.

1981 – MITTERRAND
ET LE TIERS ÉTAT

Y a-t-il, dans la France de l'après-10 mai, place pour le réformisme? Et l'actuel président de la République saura-t-il, face aux aspirations si diverses de ceux qui l'ont élu, improviser une social-démocratie émancipée de ses anciennes illusions?

Le P.S. au pouvoir, qu'est-ce que c'est? Une drogue dure ou une drogue douce! En tout cas, quelque chose qui marche très fort dans les têtes. Les souvenirs de l'ancien régime s'estompent et on se prend à rêver à ce que pourrait être la suite, si elle devait s'inscrire dans le prolongement des premiers résultats (déjà marquants dans le domaine des libertés). Tant que la phase de « dégiscardisation » se poursuivra, tant que le gouvernement sera en mesure de pallier les injustices les plus criantes, tout ira bien avec l'opinion. Mais que se passera-t-il si les dimensions internationales de la crise paralysent son action? Deux scénarios sont concevables :
– un *statu quo* avec le capitalisme mondial, assorti d'une inflexion social-démocrate du régime, qui tentera de geler l'évolution des rapports sociaux, prenant

ainsi le risque de se briser sur le même type d'obstacle que son prédécesseur;

– une intensification des mouvements sociaux, que le gouvernement socialiste non seulement refusera de réprimer, mais sur lesquels il s'appuiera pour transformer irréversiblement la société française. En d'autre termes, une nouvelle sorte de révolution, miraculeusement libérée des hypothèques jacobines, sociales démocrates et staliniennes qui ont oblitéré les tentatives précédentes.

Certes, biens d'autres scénarios sont concevables : une débâcle économique, le retour en force de la droite, l'assassinat de Mitterrand, un compromis centriste autour de Rocard ou d'un autre... Tant de facteurs peuvent interférer qu'il serait absurde de risquer le moindre pronostic; mais cela ne doit pas interdire de réfléchir sur ceux d'entre eux qui pourraient peser le plus lourdement dans la balance des événements. Je voudrais en relever trois.

1. La capacité du gouvernement socialiste à établir un rapport de force international qui lui soit favorable

Face à la crise internationale, deux types de politique s'affrontent aujourd'hui : celle qui fait passer l'économie avant la société qui, au nom de la défense de la monnaie, accepte le chômage, la marginalisation de millions de jeunes, et dont l'objectif véritable est le renforcement des hiérarchies et des ségrégations existantes; celle, au contraire, qui fait passer la société avant les prétendus impératifs de l'économie, qui est prête, en conséquence, à accepter une forte inflation et les désordres monétaires et financiers qu'elle peut entraîner pour lutter contre le chômage considéré comme un mal absolu, susceptible demain d'engendrer une nouvelle guerre sociale. En quelques semaines, le « mitterrandisme » est devenu la figure de proue de cette seconde option, et l'avenir de l'expérience socialiste, un enjeu international de première grandeur. Mais le capitalisme mondial ne paraît nullement disposé à se convertir à ce New Deal socialiste, et l'on peut s'attendre à ce qu'il mette tout en œuvre pour conjurer le « mauvais exemple » français. L'issue de cette épreuve dépendra, pour une large part, du rapport de force qui s'instituera dans l'opinion internationale à son propos. Si le mitterrandisme ne parvient pas à rompre son isolement, et en particulier à déborder sur d'autres pays d'Europe, il finira probablement par être neutralisé.

2. *La capacité du parti socialiste à se transformer lui-même*

Le coup de génie du P.S., c'est d'être parvenu à faire tenir ensemble trois composantes jusque-là disjointes : sa clientèle de notables locaux et syndicaux, une part importante du marais centriste désertant le camp de la grande bourgeoisie giscardienne et la masse des laissés-pour-compte de la société actuelle. Ce qui a fait, jusqu'à présent, la force de Mitterrand, c'est de se présenter à la fois comme le paisible continuateur du réformisme français – dont chacun sait qu'il a toujours été, en temps de crise grave, le meilleur gestionnaire du capitalisme – et comme un authentique réformateur, désireux de transformer en profondeur la société. Mais cette ambivalence, pour ne pas dire cette ambiguïté, risque demain de faire sa faiblesse. En effet, toutes les politiques ne pourront pas indéfiniment être menées en parallèle et une véritable mobilisation populaire sera nécessaire pour créer les conditions d'une issue non réactionnaire de la crise. Mauroy ne s'en sortira pas mieux que Barre si la société française continue d'attendre qu'on lui apporte toutes cuites des solutions technocratiques miracles. Mais le P.S. sera-t-il en mesure de déclencher une telle mobilisation, et surtout de la rendre efficiente, en favorisant l'éclosion d'un transfert général des pouvoirs sur le tissu social de base ? N'est-il pas un appareil trop classique, à la fois agrégat de tendances groupusculaires et machine hypercentralisée ? Assez bien préparé à la gestion du pouvoir d'État, il paraît peu apte à catalyser un processus effectif de démocratisation, de décentralisation et d'autogestion. Et s'il n'a d'autre interlocuteur constitué qu'une droite – comme à l'accoutumée, « la plus bête du monde » – et qu'une gauche communiste – variante tout aussi stupide du conservatisme social –, il finira par s'endormir sur ses lauriers, par laisser s'appauvrir son pluralisme interne et par se constituer en État dans l'État. Ayant perdu son crédit et ses possibilités d'action, ce sera alors, à terme, le retour du bâton réactionnaire. En revanche, si une pluralité de pôles de propositions, de concertations et de contestations vient le relayer et l'étayer de l'extérieur, il est permis d'espérer qu'il se renouvelle et parvienne à faire face à ses responsabilités historiques.

3. Le développement de nouvelles formes d'organisation sociale

Les partis traditionnels ont fait leur temps. (L'exemple polonais nous en donne une illustration saisissante.) Ils sont de plus en plus mal adaptés au présent contexte de révolutions technologiques en cascade et de redistribution mondiale des cartes économiques. Les anciennes luttes de classes aux fronts bien délimités sont, elles aussi, prises à contre-pied par ces transformations. À côté des classes ouvrières « garanties », bien intégrées aux rapports de production, se développe un immense tiers état, multiple et hétérogène, composé de tous ceux qui sont marginalisés par la société et aussi de ceux, de plus en plus nombreux, qui refusent le mode de vie et de production qui leur est imposé, qui aspirent à la promotion de nouveaux rapports sociaux, de nouveaux rapports à l'environnement, et à l'instauration de systèmes moins absurdes de valorisation du travail et de répartition des biens. Il est évident qu'aucun « programme commun », qu'aucune formation politique organisée sur le mode classique, ne pourra jamais représenter un tel ensemble de segments sociaux où s'entrecroisent toutes les frontières de classes, de races, de sexes, de cultures. Cependant, malgré sa diversité et ses contradictions, il n'en constitue pas moins la seule force de changement véritable, le seul « bouillon » de créativité sociale, d'où pourront naître des solutions effectives aux problèmes actuels, et peut-être le seul levier pour

27

sortir de leur torpeur les vieilles classes ouvrières. Malgré son soutien à Mitterrand, cette masse composite demeure dans l'expectative, et il en sera ainsi tant qu'elle ne sera pas parvenue à mettre en place des formes originales de regroupement adaptées aux sensibilités et aux aspirations multiples de ceux qui la composent. Une course de vitesse est engagée : ou ce nouveau tiers état se donnera les moyens de s'affirmer à tous les niveaux, « au ras des marguerites » comme au niveau politique le plus élevé, ou l'on peut s'attendre à ce que les horticulteurs socialistes nous lèguent un jour un beau gâchis.

1983 – AUTANT EN EMPORTE LA CRISE

Une maladie d'apparence bénigne, mais qui peut devenir pernicieuse lorsqu'elle s'installe de façon durable, menace ceux qui font abus de médias – côté rédaction, micro ou caméra. Il s'agit d'une espèce particulière de délire qui consiste à s'adresser à des publics imaginaires et qui est généralement associé à un gonflement chronique du moi, conduisant, par exemple, à se sentir investi d'une mission exceptionnelle de rédemption d'une catégorie de la population.

On se rappelle, il y a quelques mois, l'extraordinaire : « Et le courage bordel! » de Jean Daniel, dans *Le Nouvel Observateur.* Aujourd'hui, c'est Max Gallo, le porte-parole du gouvernement, qui nous gratifie, dans *Le Monde,* d'une homélie sur le ramollissement cérébral des intellectuels de gauche et qui invite ceux-ci à se ressaisir, à sortir de leur torpeur et à redevenir, comme par le passé, de « grands intellectuels », et de gauche, autant que faire se peut.

Dans la foulée, Philippe Boggio nous livre une dissertation entomologique sur la dégénérescence de la race des « maîtres à penser » et sur l'extinction progressive des diverses espèces constitutives de l'intelligentsia de gauche. Et maintenant, selon la formule consacrée, le débat est ouvert! Que ceux qui osent encore se prétendre « intellectuels de gauche » parlent! Qu'ils parlent donc! Que les bouches s'ouvrent, comme disait Maurice Thorez. Que cent fleurs s'épanouissent comme l'exigeait Mao Tsé-toung!

Mais d'abord, qu'est-ce que c'est que ça, un « grand intellectuel de gauche »? Il ne semble pas que nos auteurs se soient vraiment posé la question. Il est de tradition, en France, qu'un certain nombre d'écrivains, de philosophes, plus rarement d'artistes, se voient promus au titre de porte-parole, 1. de leur spécialité, 2. d'une prétendue intelligentsia, 3. du génie propre à la nation et 4., par extension suprême, de la culture universelle.

On remarquera que ces députés ou ces tribuns de l'intelligence, du savoir et de l'art ne disposent d'aucun mandat représentatif, ne participent d'aucune instance délibérative. Ils ne constituent ni une académie, ni une caste délimitée, ni même un groupe aisément dénombrable tel que l'ensemble des premiers de la classe, des maillots jaunes de la philosophie ou des médailles d'or et d'argent de la science.

Il s'agit plutôt d'un ensemble flou, dont le contour est modelé au gré des rédacteurs en chef de la presse écrite et des directeurs des maisons d'édition. Aussi la fréquence de l'intervention de ces « élus » et les thèmes sur lesquels ils sont invités à intervenir ne sont-ils jamais directement de leur ressort. Ils relèvent de l'air du temps, tel que sont censés le déchiffrer les météorologues du goût public.

Hasard ou nécessité, il se trouve que la venue au pouvoir de la gauche a coïncidé avec une rupture de stock dans les opérations de promotion collective du genre « nouveaux philosophes ». La crise aidant, l'« intello-star-system » est en plein marasme. Il paraît qu'il est de plus en plus difficile d'alimenter les « blocs-notes » et les « libres opinions », supports essentiels, à ce qu'on dit, de la presse de gauche.

Les gourous sont fatigués. Le goulag, la Pologne, l'Iran, tout cela ne fait plus vraiment recette. Alors on a imaginé un ultime recours. Quelque chose dans le genre du « dernier gala » d'une vedette sur le déclin.

Après le roman centré sur le mal d'écrire, le film sur la fin du cinéma, après le postmoderne et la mort de la philosophie, on lance le thème du prophète intellectuel pataugeant dans sa propre déchéance. Mais, monsieur Gallo, monsieur Boggio, je crains que vous n'arriviez bien tard! Il n'y a déjà plus, ou pratiquement plus, d'abonnés aux numéros que vous demandez. Tous ceux qui font aujourd'hui profession de penser, de chercher, de créer, de produire d'autres possibles, ne se reconnaissent plus dans aucun porte-parole. Et, rassurez-vous sur leur santé, ils ne s'en portent pas plus mal!

Sans vouloir donc parler au nom de qui que ce soit et pour avoir moi-même quelque peu évolué dans les eaux des pétitionnaires et autres « signeurs de la guerre », je crois qu'il est temps que nous prenions, les uns et les autres, notre parti de cette situation nouvelle, irréversible et... prometteuse.

Est-ce à dire que soit interdit désormais tout dialogue entre les « forces vives » de ce pays et le gouvernement de la gauche? Sincèrement, je ne le pense pas. Mais je crois que la méthode de M. Gallo n'est pas la bonne. S'il tient vraiment à entrer en communication avec les nouvelles générations de penseurs et de créateurs, je me permettrai de lui suggérer de s'y prendre autrement, d'adopter un autre ton, de choisir d'autres thèmes. Que n'organise-t-il, par exemple, un débat entre le pouvoir et l'intelligentsia réelle – pas seulement celle de la rive gauche et du XVIe arrondissement – où pourraient être mis en cause :

– le style néogaulliste de M. Mitterrand, son acceptation tranquille des institutions du «coup d'État permanent», le renoncement à tout projet de réforme constitutionnelle (en particulier l'abandon de l'idée de référendum d'initiative populaire);

– le fonctionnement des partis de gauche et leur façon de tourner en rond, sans relais social consistant;

– les perspectives d'évolution vers une société multiraciale et transculturelle, où les millions d'immigrés qui vivent et travaillent en France comme des Français bénéficieraient des mêmes droits civils et politiques qu'eux, suivant les promesses qui avaient été faites;

– le partage du travail, comme moyen de donner à ce pays «un supplément d'âme» et de lui restituer, peut-être, sa «compétitivité» sur le marché de l'intelligence, du savoir et de la création;

– une politique de transformation radicale de l'habitat, de l'urbanisme, des équipements collectifs (remise en question du fonctionnement actuel de l'Éducation nationale, des prisons, des hôpitaux psychiatriques, etc.);

– l'opportunité de l'utilisation des crédits publics

32

dans des entreprises telles que la bombe à neutrons et les sous-marins nucléaires;

– les initiatives concrètes que la France pourrait prendre pour lutter contre la faim dans le monde et pour favoriser l'émancipation économique et sociale du tiers monde.

Mené à grande échelle et dans tout le pays, un tel débat serait susceptible, à mon sens, de « reconstituer » les interlocuteurs collectifs de gauche qui paraissent manquer au gouvernement actuel. À condition toutefois qu'il ne s'agisse pas d'un échange formel, académique, mais qu'il soit assorti de la mise en place de moyens susceptibles d'amorcer de réels changements. En d'autres termes, qu'on cesse de renvoyer les perspectives de transformation et d'innovation dans ce pays aux hypothétiques lendemains de l'après-crise.

1983 – LA GUERRE, LA CRISE
OU LA VIE

La société mondiale est devenue flasque, sans contour, sans ressort capable de lui permettre d'impulser un projet d'envergure. Les continents du tiers monde végètent dans l'atroce fermentation de la misère; les huiles goudronneuses du reaganisme et du thatcherisme s'épandent au gré des marées économiques; l'empreinte de mâchefer des dictatures de l'Est s'incruste toujours plus profondément dans la vie de centaines de millions d'êtres humains; des vapeurs délétères commencent à émaner des expériences « sudistes » du socialisme européen et, une fois encore, la pouillerie fasciste cherche sa voie parmi la faune de la lumpen-bourgeoisie...

Par à-coups successifs, comme au sortir d'un coma, nous essayons de dissiper toutes ces brumes de « déjà vu ».

D'abord la guerre. D'abord l'affirmation que ses dimensions de super-show planétaire, ses allures de ballet mécanique de la mort, ses enjeux technico-stratégiques toujours plus décollés et discordants d'avec les réalités géopolitiques et, même les chaînes processionnaires du pacifisme qu'elle ressuscite, tout cela, au bout de compte, ne nous intéresse plus. Les illusions de l'avant-guerre, les « Grands Cimetières sous la lune », l'« Appel d'Amsterdam-Pleyel » : nous avons tout refoulé... Et puis nous ne sommes pas crédules au point de penser que les grandes puissances envisagent sérieusement de régler leur contentieux en s'expédiant des fusées intercontinentales. Il est tellement évident que leur complicité toujours plus marquée, les conduit à s'intégrer au *même système mondial capitaliste et ségrégationnaire*. Aussi la guerre simulacre qu'elles ne cessent de relancer sur le marché des mass media paraît-elle surtout avoir pour fonction, en jouant à fond les grandes orgues apocalyptiques, d'occuper le terrain de la subjectivité collective, de la détourner de toute prise en compte des urgences sociales qui la tenaillent et de lui interdire toute impulsion de désir, toute prise de conscience transculturelle et transnationale. Leur guerre n'est pas la nôtre! La seule vraie guerre mondiale qui nous colle à la peau, c'est celle, émiettée, cancéreuse, insoutenable au regard civilisé, qui balaie par vagues la planète depuis un demi-siècle : « Encore le Salvador, le Nicaragua, la Pologne, les *boat-people*, L'afghānistān, l'Afrique du Sud, c'est lassant à la fin, regarde plutôt ce qu'il y a sur les autres chaînes... » Dans ces conditions et quelles que soient par ailleurs nos « solidarités » de gauche, nous ne nous retiendrons aucunement de récuser les choix nucléaires dans le domaine militaire des socialistes français. Le jeu de l'équilibre des forces stratégiques est constitutif de la volonté des grandes puissances d'assujettir les périphéries opprimées et on ne saurait se plier à sa logique sans trahir l'émancipation des peuples à laquelle on prétend par ailleurs travailler.

Ensuite la crise. L'immense machination, là aussi, pour serrer toujours plus étroitement, à la limite de l'étranglement, les crans de l'assujettissement et de la « disciplinarisation ». Tout est mis en œuvre pour nous le présenter comme une évidence apodictique. Le chômage, la misère s'abattent sur l'humanité comme des fléaux bibliques. Dans ces conditions, on ne peut plus concevoir, à quelques variantes près, qu'une seule politique économique possible en réponse à la seule description concevable de l'économie politique. Mais il est clair, pourtant, que les airs de suffisance que se donne aujourd'hui l'économétrie sont à la mesure de la perte de crédibilité de ses modèles de référence! Certes, il est indéniable que nombre de ses indices et prévisions se sont affinés. Mais à quelles sortes de réalités se rapportent-ils? En fait, à des secteurs d'activité et de vie sociale de plus en plus rétrécis, séparés et aliénés de leurs potentialités globales. Le corps mou, autoréférencé des écritures économiques et monétaires est devenu un instrument décérébré et tyrannique de pseudo-décisionnalité, de pseudo-guidage collectif. (Exemple récent : les banques centrales se portant au secours du Mexique uniquement pour lui permettre de rembourser à court terme les intérêts des dettes qu'il a contractées auprès d'elles!) Et si la crise n'était, à son terme ultime, qu'une crise des modèles, expression d'un capitalisme psychotique conduisant au désastre tout à la fois la division sociale du travail, les finalités productives et l'ensemble des modes de sémiotisation de l'échange et de la distribution? L'espoir de la « sortie du tunnel », le mythe de la « grande reprise » – mais la reprise de quoi, et pour qui ? – nous masquent le caractère d'irréversibilité de la situation qui a été engendrée par l'accélération continuelle des révolutions technico-scientifiques. Plus rien ne sera plus jamais comme avant! Et c'est tant mieux! Mais de deux choses l'une! Ou ces révolutions seront assorties de mutations de la subjectivité sociale capables de les piloter « loin des équilibres » existants vers des voies émancipatrices et créatrices, ou, de crise en crise, elles oscilleront autour d'un point de conservatisme, d'un état de stratification et de stagnation, aux effets de plus en plus mutilants et paralysants. D'autres systèmes d'inscription et de régulation des flux sociaux sont concevables sur cette planète! Dans tous les champs de la création esthétique et scientifique, des modèles en rupture avec les hiérarchies oppressives (non arborescents, « rhizomatiques », « transversalistes ») se sont imposés. Pourquoi pas dans le domaine social ?

Retour vers les zones du politique et du micropolitique, bien qu'il soit devenu de bon ton, dans certains milieux intellectuels, de prendre des poses désabusées, de se considérer hors du temps, au-delà de l'histoire, en se réclamant du postmoderne et du postpolitique mais jamais, malheureusement, du postmédia... Les intellectuels de notre espèce, qui ne se sont jamais dédits de leurs engagements antérieurs au côté des luttes d'émancipation, doivent-ils être considérés désormais comme des surnuméraires de notre époque ? Notre idéal continue de nous porter là où les coupures s'opèrent. Ni avant ni après! Juste au point limite où de nouvelles langues s'élaborent, de nouveaux coefficients de liberté se cherchent, où des façons différentes de voir, de sentir, de penser, de créer s'éprouvent, au-delà des messianismes, des credo spontanéistes ou dialectiques... Mais, pourquoi le nier, certains enjeux politiques nous tiennent à cœur, et surtout certains refus qui nous conduisent, à nos risques et périls, à nous « mouiller » dans certaines épreuves plus ou moins hasardeuses. Notre expérience des formes dogmatiques d'engagement et notre inclination irrépressible vers les processus de singularisation nous prémunissent – du moins le pensons-nous – contre tout surcodage des intensités esthétiques et des agencements de désir par une programmation politique fermée sur elle-même, fût-elle la mieux intentionnée. Il n'y a d'ailleurs qu'à suivre la pente. Chaque jour se fraient sous nos yeux de nouvelles voies de passage entre les domaines autrefois cloisonnés de l'art, de la technique, de l'éthique, de la politique, etc. Des objets inclassables, des « attracteurs étranges » – pour paraphraser une fois de plus les physiciens – nous incitent à brûler les vieilles langues de bois, à accélérer des particules de sens à haute énergie, pour débusquer d'autres vérités. Coup sur coup, dans la même semaine, trois séries d'événements viennent de se percuter : la tête du pape saute à la place de celle de Walesa, ʿArafāt se fait expulser de Damas, Toni Negri entre au Parlement italien. Qui parle à qui, et au nom de quoi ? On se prend à rêver que bien des choses seraient possibles. Dans un sens ou dans un autre !

1983 – ON A LE RACISME
QU'ON MÉRITE

Les questions de racisme sont inséparables de l'ensemble des déterminations sociales et politiques que nous observons dans la société. En d'autres termes et de façon lapidaire, on a le racisme qu'on mérite. Il n'était pas évident, après le 10 mai, qu'on assiste au maintien de l'état des choses.

Ainsi, l'incapacité du gouvernement socialiste à changer la nature du tissu social a insensiblement provoqué la remontée du racisme. Du fait de la perte des points de repère sociaux antérieurs, les individus assistent à la désagrégation de tous leurs cadres mentaux, de toutes leurs références, de toutes leurs coordonnées de référence.

Ils s'en remettent à des équipements collectifs, aux mass media, à l'immense machine sociale qui dit ce que doit être la place de l'un, ce que doit faire l'autre, ce qu'il doit penser, sentir. Nous aboutissons à un désarroi général qui fait se recroqueviller les gens sur des fictions ou des archaïsmes. Voilà la source des attitudes et des crispations racistes.

De ce point de vue, il faut considérer que c'est la couche la plus démunie de la population qui est relativement la plus vulnérable. Si les personnes qui sont les objets du racisme sont à plaindre, l'ensemble de la population française racisante l'est aussi. Elle exprime une sorte d'incapacité à faire face aux exigences de notre époque.

Tous les peuples ont besoin d'immigrés et du rapport d'altérité posé par l'intermédiaire de leur venue. J'affirme même que la vitalité d'un peuple correspond à sa capacité d'être lui-même engagé dans toutes ses composantes dans un devenir immigré.

Nous avons tous à devenir des immigrés, à refuser une uniformisation génératrice d'angoisse et d'impuissance générales. En France, nous avons beaucoup à apprendre de la façon dont les immigrés reconstituent leur culture, la réinventent.

La gauche a très rapidement voulu se faire la bonne gestionnaire de la France. Cela n'avait de sens que si elle favorisait parallèlement les mutations de la société. Or, elle n'a fait que les étouffer. Nous avons assisté à une espèce d'affaissement général de toutes les velléités novatrices.

Par ce nouveau réalisme, les gouvernants actuels estiment que leur nouveau réalisme les aidera à consolider leur pouvoir politique. Ils se trompent parce que leur politique économique sera jugée, certes, à ses résultats mais aussi à ses conséquences pour ceux qui attendaient des socialistes qu'ils facilitent des transformations sociales : de ce point de vue, nous attendons toujours.

Dans la lutte contre le racisme, les priorités sont aujourd'hui à accorder à la vie associative, au « tiers secteur » à tout ce qui permet d'envisager le développement de la vie sociale et économique en dehors du couple catastrophique que constitue le capitalisme privé et le pouvoir d'État.

Les formes de subjectivité capables d'agir positivement dans le sens d'une société multinationale, transculturelle sont à trouver dans de nouvelles formes d'expression et de mode de vie, qui constituent les lieux où ces questions peuvent être saisies, analysées, dominées. La vague de repli social que nous enregistrons se paie par des attitudes racistes, anti-jeunes, phallocratiques. Et, phénomène inséparable, elle se paie aussi par un rejet de la gauche.

Inventer de nouveaux modes de gestion de la vie quotidienne n'est pas une utopie, mais une nécessité imposée par la transformation de la production, par la révolution informatique, télématique, robotique...

Dans tous les pays d'Europe de l'Ouest, un nouveau type de sensibilité se cherche à travers les questions du désarmement, les luttes antinucléaires, le racisme. En France, rien n'a encore vraiment cristallisé. Les formes d'organisation ne se sont pas trouvées. Mais tout peut aller très vite. La Marche pour l'égalité qui se déroule actuellement peut y aider. Face à la chute des illusions, il est grand temps de se ressaisir.

1983 – À PROPOS DE DREUX

La démocratie française est à bout de souffle. C'est pénible à dire, ça peut sembler paradoxal, c'est sûrement désagréable à entendre pour certaines oreilles amies : mais c'est ainsi! Et les socialistes français doivent être tenus pour les premiers responsables de son affaissement. Pourquoi? Parce qu'ils sont là depuis deux ans! Parce qu'ils étaient les seuls en position de la ressusciter et de travailler à la renouveler! Et puis, à qui d'autre pourrait-on s'en prendre? Les communistes? Il y a longtemps qu'on n'attend plus rien d'eux. Surtout dans ce domaine! Quant à la droite, inutile d'insister : elle a tout fait, depuis vingt ans, pour entretenir un climat de répression et de régression sociales. Rien à dire non plus de ce côté-là. C'est donc d'abord les socialistes qu'on a envie de secouer, de réveiller, comme un ami qui s'égare.

La montée raciste-fasciste de cet été, la chasse aux immigrés, l'élection de Dreux et bien d'autres symptômes sont l'aboutissement d'un long processus de décomposition et d'infantilisation de l'opinion démocratique. Il faudrait se mettre une bonne fois dans la tête que la démocratie n'est pas une vertu transcendantale, une idée platonicienne, flottant en dehors des réalités. Elle est plutôt comme la « forme » des sportifs. Elle s'entretient, elle se développe; elle peut s'enrichir ou dépérir au gré de l'*entraînement* qu'on lui consacre. En France, elle est devenue poussive, myope; elle a de l'emphysème, de la cellulite. Vous me direz qu'on n'a pas attendu les socialistes pour en arriver là! Certes! Mais la situation n'a peut-être jamais été aussi grave : tous les rouages de la représentation populaire sont grippés. Les syndicats tournent à vide (mis à part la C.F.D.T., mais encore faudrait-il y regarder de près!). La vie associative ronronne dans son coin. Au moins, dans l'ancien régime, les partis de gauche et les groupuscules extraparlementaires conservaient-ils un minimum de fonctions de remise en cause. Oh! je sais, très faible et souvent franchement débile! Mais enfin, ils occupaient le terrain; ils incarnaient d'autres espoirs. Tout cela est aujourd'hui révolu! François Mitterrand et ses compagnons ont avalisé et légitimé le système profondément pervers et antidémocratique du présidentialisme gaulliste. Qu'on s'étonne ensuite s'il advient que le « bon peuple » ait quelquefois tendance à s'abandonner au nationalisme et à la xénophobie!

Non seulement les partis de gauche se sont sclérosés et enlisés dans le corporatisme politique, mais le parlementarisme lui-même s'est mis à dégénérer. Les parlementaires sont devenus l'équivalent de simples fonctionnaires. Sait-on que les « députés de base » sont dirigés par leur chef de file comme des écoliers par leurs instituteurs? Sait-on qu'ils n'ont aucun accès direct à l'ordre du jour de leurs travaux? Il est

43

vrai que les institutions représentatives traditionnelles, dans leur fonctionnement actuel, sont obsolètes et qu'elles risquent de se trouver, à l'avenir, de plus en plus déphasées par rapport aux forces vives des sociétés à haut développement communicationnel! Est-ce une raison pour s'engouffrer dans le sens du vent, pour renforcer jusqu'à la nausée cette infantilisation chronique de l'opinion par le système des sondages et du vedettariat télévisuel des leaders politiques et syndicaux? Finira-t-on par comprendre qu'un tel système n'exprime en rien les « tendances profondes de l'opinion »? Il ne capte et n'amplifie que les opinions qu'il peut manipuler ou qu'il a auparavant lui-même manufacturées.

C'est la notion même de « tendance profonde » qu'il convient ici de réexaminer. Elle n'est nullement scientifique; elle n'est fondée que sur une conception conservatrice de la société. En fait, cette opinion qu'on prétend extraire des sondages et des jeux télévisuels électoraux n'est émise que par des individus isolés, « sérialisés », qui ont été confrontés, par surprise, à une « matière à option » préfabriquée. Le choix qui leur est proposé – tel celui des chiens de Pavlov – est toujours passif, non élaboré, non problématisé et, par conséquent, toujours biaisé. « C'est lequel des deux que tu préfères? » (Ou lequel des quatre, à l'époque de la fameuse bande du même nom.) « On te présente deux paquets de super-lessive, etc. » Mais quand pourrons-nous enfin imposer un autre genre de choix?

Un socialisme contre Staline, contre la bureaucratie, pour l'auto-organisation, ce ne pourra avoir de sens qu'à condition qu'il fasse sienne cette nouvelle problématique de la démocratie. Et il est navrant de constater que, de ce point de vue, les socialistes sont à court d'idées ou, à tout le moins, à court de volonté. Leur projet de décentralisation ne marque aucun progrès véritable dans le sens de la promotion d'une *démocratie sociale*. Faute d'un projet cohérent tendant à donner à la vie associative le poids économique qui devrait lui revenir, on laisse végéter et dégénérer toutes les tentatives d'innovation sociale. Le résultat le plus désolant a été le gâchis des radios libres qui ont été livrées pieds et poings liés au petit business commercial et politique. De leur côté, les administrations et les corps d'État demeurent incapables de s'adapter aux situations nouvelles, au point de compromettre, dans certains domaines, l'avenir du pays. (À cet égard, la palme revient, sans conteste à l'Éducation nationale.) Et pourtant, il y avait eu là quelques propositions, quelques timides avancées! Au fait, dans quelle trappe, quelle gidouille des syndicats enseignants est tombé le rapport Legrand concernant le secondaire? Qu'est-ce qu'il avait de tellement gênant, de tellement révolutionnaire, ce rapport? Il ne comportait qu'une enquête approfondie et des propositions de bon sens.

La démocratie, bordel!, ce n'est pas un luxe sur lequel il faudrait tirer un trait les jours de vaches maigres! D'abord, parce que le fascisme – mais oui, le fascisme, ça existe bel et bien, n'en déplaise aux « nouveaux économistes » – s'engraisse et prolifère, vampirise la subjectivité populaire quand elle s'affaiblit. Ensuite, parce qu'elle est un des remèdes essentiels à la crise. Avis aux technocrates socialistes : la vitalité sociale, l'intelligence, la sensibilité, la créati-

45

vité collective, bref, la démocratie, ça peut rapporter gros, c'est important pour la balance des paiements, aussi important, à terme, que le pétrole! Et remarquez que ça peut aussi s'exporter! La démocratie et la paix : quel marché d'avenir!

1984 – UNE AFFAIRE DREYFUS
POUR L'EUROPE

Cinq années se sont écoulées depuis l'arrestation, en Italie, des intellectuels qui luttaient contre le « compromis historique » – c'est-à-dire une sorte d'alliance conservatrice entre la démocratie chrétienne et le parti communiste de Berlinguer. Depuis le 7 avril 1979, bien des choses ont évolué dans ce pays : le terrorisme, ce monstre aveugle de dogmatisme et de méconnaissance des forces vivantes du « mouvement » d'alors, s'est trouvé isolé et défait; les socialistes italiens sont à présent à la tête du gouvernement; le pays commence à se remettre de la crise économique qui le secoue depuis des années... Une seule chose n'a pas changé : la volonté de punition et même de vengeance à l'égard des intellectuels du 7 avril. Une volonté qui, au fil du temps, paraît même s'être vivifiée et qui, pour parvenir à ses fins, n'a pas craint de transformer les accusations portées contre ces intellectuels d'une façon qui pourrait être qualifiée de burlesque, si n'était en cause la vie d'hommes et de femmes restés, pour la plupart, en prison préventive pendant plus de quatre années.

On a d'abord commencé par l'assassinat d'Aldo

Moro : les accusés du 7 avril en étaient les auteurs; on avait des preuves irréfutables; des bandes sonores étaient expertisées à Chicago, etc.; jusqu'à ce que ce monceau d'absurdités sombre dans le ridicule. Ensuite, on a découvert qu'ils étaient les véritables chefs, les chefs secrets, des Brigades rouges – bien qu'honnis et même, pour certains d'entre eux, menacés publiquement de mort par elles! Pendant une année, sans discontinuer, les accusés ont été soumis à d'incroyables pressions pour qu'ils confessent leurs crimes! Les médias ont matraqué l'opinion publique italienne et internationale avec cette «vérité», révélée à un juge, dont il est permis aujourd'hui de douter de la santé mentale, car il a continué à s'accrocher comme un damné à son «théorème» délirant bien qu'il se fût, à la longue, lui aussi totalement effondré. Alors, la magistrature italienne a changé de cap. Elle a forgé de toutes pièces une «insurrection armée contre les pouvoirs de l'État» – dont la valeur pénale est la prison à vie – à partir d'accusations les plus hétéroclites. C'est ainsi que, à lui seul, Toni Negri s'est vu généreusement attribué dix-sept homicides politiques!

Mais ces accusations, elles aussi, sont tombées et, une fois encore, on en a trouvé d'autres, relevant désormais du simple droit commun... On en est toujours là! Et on reste stupéfait et consterné devant une telle attitude de la magistrature italienne – pays pourtant de vieille tradition du droit, mais dont l'enracinement démocratique, il est vrai, demeure précaire. Pourquoi cet ultime revirement dans l'attitude des juges? Pour qui a suivi de près le procès «7 avril», la réponse est malheureusement fort simple. Au cours des débats, toutes les accusations politiques sont tombées les unes après les autres. L'attitude autoritaire des juges, les obstacles dressés artificiellement devant la défense, le caractère infâme de l'utilisation de la délation par le moyen des « repentis », les calomnies répétées à satiété par les médias... rien n'y a fait! Mais comme la justice italienne s'était beaucoup engagée dans ces procès vis-à-vis des forces politiques, comme un rôle essentiel lui avait été dévolu, à savoir l'élimination radicale de toute opposition au fameux « compromis historique », comme elle ne voulait pas, sur le plan international, se déjuger, il lui fallait démontrer, coûte que coûte, que les longues années de prison préventive infligées aux accusés du 7 avril ne l'avaient pas été en vain, que les demandes d'extradition restaient fondées (l'existence d'une importante émigration politique dans divers pays commençant à en faire sérieusement douter). La solution était donc toute trouvée : il convenait de se rabattre sur une redéfinition de droit commun des prétendus délits. Cela présentait deux avantages : l'élimination politique de toute une génération d'intellectuels contestataires qui se verraient, de toute façon, attribuer de lourdes peines; la facilitation de leur extradition éventuelle. Seulement, au bout du compte, la difficulté demeure la même, têtue, irrévocable, à tout le moins devant le tribunal de l'histoire : ces délits de droit commun, quant au fond n'*existent pas*, n'ont aucun fondement, ne reposent sur aucune preuve matérielle. Les déclarations des repentis reviennent toujours à la même antienne : ces intellectuels seraient responsables *moralement* du terrorisme, du fait de leurs déclarations et de leurs écrits. Quelle curieuse délégation de justice, en vérité!

Et à qui? À des assassins, pour dire les choses comme elles sont, qui, pour être remis en liberté, n'avaient d'autre choix que de charger les inculpés du 7 avril!

Je ne dis pas que l'Italie ait basculé dans le totalitarisme. Mais qu'un pays soit « globalement » démocratique n'interdit nullement qu'une part de ses institutions ne le soit plus! Et, à l'évidence, les lois d'exception qui ont permis, au cours de ces dernières années, d'inculper et de persécuter des milliers d'innocents pour leurs idées politiques n'ont rien à voir avec la démocratie. Il semble que l'actuel gouvernement italien, à direction socialiste, veuille mettre fin à ces lois d'exception. Mais il n'est pas inutile que l'opinion européenne, et en particulier les Français soucieux de la défense des libertés, suive de près cette affaire dite du « 7 avril ». Elle pourrait devenir un test décisif, une véritable Affaire Dreyfus européenne, dans le contexte d'une construction d'un espace européen des libertés civiles et politiques. Dès la sentence prononcée contre les intellectuels du 7 avril, nous aurons certainement à entreprendre une campagne pour la révision de ce procès. Je le répète, il en va de toute une conception de la liberté et de la justice au sein de l'Europe occidentale. Faut-il ajouter qu'il n'est, bien entendu, pas question d'accepter passivement que la France se plie à un quelconque chantage concernant les demandes d'extradition des autorités italiennes. L'Europe des libertés, pourquoi pas! L'Europe de la répression, merci, on a déjà donné!

1984 – LA GAUCHE
COMME PASSION PROCESSUELLE

Au lendemain des élections européennes du 17 juin, le fascisme dispose en France, pour la première fois depuis un demi-siècle, d'une réelle base de masse. Il est urgent de mesurer l'importance d'un tel événement. Il y aura, certes, des dispositions à prendre, des rangs à serrer, des alliances à nouer. Mais tout cela ne saurait avoir de sens que dans le cadre d'un débat approfondi sur ce qui a conduit la gauche à un échec aussi cuisant et sur la responsabilité particulière, dans cette affaire, de ses composantes intellectuelles.

Durant la dernière période, nombre d'entre elles nous ont en effet rebattu les oreilles avec des proclamations sur l'inanité du clivage gauche-droite : « Parce que le socialisme c'est le goulag; parce que les fusées françaises et le parapluie américain sont un mal nécessaire; parce que la crise impose de renoncer à toute transformation sociale, à toute utopie libératrice... » Un nouveau « style Libé », fait de renoncement, de torpeur, et fréquemment de cynisme, n'a cessé de gagner du terrain. Toute une soupe de prétendue « nouvelle philosophie », de « postmodernisme », d'« implosion de social », et j'en passe, a fini, par empester l'atmosphère de la pensée et par contribuer à décourager les tentatives d'engagement politique au sein des milieux intellectuels. Sans qu'on y ait pris garde, une restauration des valeurs traditionnelles s'est instaurée. Elle a fait le lit de la révolution de droite en train de s'affermir. Et toute cette affaire – ce qui ne manque pas de piment – s'est développée dans le contexte sirupeux d'un pouvoir socialiste bon chic bon genre, lui-même très soucieux d'assurer son image de marque auprès des milieux financiers et des oligarchies traditionnelles. Le résultat est là : une masse considérable d'abstentions le 17 juin, une force fasciste en voie de constitution, l'émiettement de la capacité collective de résistance au conservatisme, la montée du racisme et de l'entropie mortifère.

Tout s'est joué en 1981, ou plutôt rejoué, car il y eut alors, semble-t-il, rebond des circonstances qui ont entraîné les événements de 68. À cette époque, l'épisode Coluche a révélé au grand jour l'abîme qui n'a fait que s'élargir entre la représentation politique professionnelle et une part considérable de l'opinion. Après leur victoire électorale quasi accidentelle, les cadres socialistes s'installèrent dans les trous du pouvoir, sans aucune remise en question des institutions existantes, sans l'ombre d'une proposition pour rebâtir une société humaine dans le présent désastre. Mitterrand, de plus en plus identifié à de Gaulle, a laissé, dans un premier temps, les différentes tendances dogmatiques de son gouvernement tirer à hue et à dia, puis il s'est résigné à installer une équipe de gestion au coup par coup, dont les différences de langage avec les *Chicago boys* de Reagan ne doivent

52

pas masquer qu'elle nous conduit aux mêmes sortes d'aberrations.

Force nous est de constater que les socialistes français ont perdu la mémoire du peuple. La plupart d'entre eux ne donnent plus à la polarité gauche-droite un autre sens que circonstanciel. Qui pense encore, parmi eux, que les opprimés, en France comme dans le reste du monde, sont porteurs d'avenir, de potentialités créatrices? Qui mise encore sur la démocratie comme levier de transformation (pour autant qu'elle se donnerait une prise sur les réalités contemporaines)? Faute d'avoir œuvré à temps à la cristallisation de nouveaux modes de socialité articulés aux « révolutions moléculaires » qui traversent les sciences, les techniques, la communication, la sensibilité collective, la gauche a laissé passer l'occasion historique qui lui était offerte. Elle s'est engagée dans une surenchère absurde avec la droite sur le terrain de la sécurité, de l'austérité et du conservatisme. Alors qu'elle aurait pu obtenir tous les sacrifices nécessaires, sur un plan économique, pour faire face à la crise et aux reconversions, si elle avait contribué effectivement à l'agencement de *nouveaux modes collectifs d'énonciation*, elle a laissé l'espoir retomber, les corporatismes se réaffirmer, les vieilles perversions fascisantes regagner du terrain.

Qu'est-ce qui sépare la gauche de la droite? Sur quoi repose cette polarité éthico-politique essentielle? Au fond, ce n'est rien d'autre qu'une vocation, qu'une *passion processuelle*. Il n'y a nul manichéisme dans cette division, car elle n'engage pas de découpes sociologiques claires et nettes. (Il existe un conservatisme bien ancré sur les terrains de gauche et quelquefois un progressisme sur ceux de droite.)

Toute la question est ici d'une ressaisie collective des dynamiques capables de déstratifier les structures moribondes et de réorganiser la vie et la société selon d'autres formes d'équilibre, d'autres univers.

Tout se déduit de là : comment en finir avec un certain type de fonction d'État, avec les vieux réflexes grégaires et racistes, comment réinventer une culture transnationale, un nouveau type de tissu social, d'autres villes, d'autres alliances avec le tiers monde, comment contrebalancer l'impérialisme bicéphale U.S.A.-U.R.S.S.? Tout est là, à portée de main, qui pourrait retourner la situation en un éclair et dissiper ténèbres et cauchemars.

1984 – DES LIBERTÉS EN EUROPE

Même si l'on refuse d'en prendre son parti, on est accoutumé à ce que, dans les pays de l'Est et dans la plupart des pays du tiers monde, les droits et les libertés soient soumis aux pouvoirs discrétionnaires des forces politiques contrôlant l'État. Mais ce à quoi on est mal préparé, ce qu'on se refuse souvent à regarder en face, c'est qu'ils sont également menacés à l'Ouest, dans des pays qui se proclament les champions du « monde libre ». Il s'agit là d'une question difficile, qui colle à la peau, du fait d'implications humaines dramatiques ne souffrant guère qu'on s'en tienne à des déclarations de principe. Or, il est impossible de méconnaître que, depuis une dizaine d'années, *tout un faisceau de droits et de libertés, toute une série d'espaces de liberté, n'ont cessé de perdre du terrain* en Europe. Si l'on s'en tient au sort fait aux immigrés ou aux distorsions que vient de subir en France le droit d'asile politique, cela relève du simple constat. Mais ce n'est pas moins évident si, prenant un certain recul par rapport à un juridisme étroit, on considère l'évolution concrète du « droit » à disposer d'un minimum de moyens matériels de vie et de travail, pour des dizaines de millions de personnes en Europe (chômeurs, jeunes, personnes âgées, « non garantis », etc.); du « droit » à la différence, pour des minorités de toutes natures; du « droit » à une expression démocratique effective, pour la grande majorité des populations.

Un réflexe militant, qui date peut-être, il est vrai, d'une autre époque, pourrait conduire à objecter qu'on ne saurait mettre sur le même plan des conflits relatifs aux *libertés juridiques formelles* et la *conquête de nouveaux espaces de libertés* relevant de luttes concrètes. La justice n'ayant jamais été au-dessus de la mêlée sociale, la démocratie étant toujours plus ou moins manipulée, il n'y aurait rien, ou pas grand-chose, à attendre du premier domaine et, au contraire, tout à entreprendre dans le second. En ce qui me concerne, les affaires d'extradition et les procès politiques auxquels j'ai été amené à m'intéresser ces dernières années (affaires « Bifo », Klauss Croissant, Piperno et Pache, François Pain, Toni Negri...) m'ont conduit à réviser mon jugement sur l'importance qu'il convenait d'accorder à ces libertés prétendument formelles et qui m'apparaissent, aujourd'hui, comme tout à fait inséparables des autres libertés de « terrain », pour parler comme les ethnologues. Moins que jamais nous ne devrions nous en tenir à une dénonciation globale – et, elle, vraiment formelle – de la justice bourgeoise. Le fait que l'indépendance de la magistrature ne soit, en effet, bien souvent qu'un leurre, loin de nous conduire à y renoncer et à nous ramener à la mythologie spontanéiste des prétendus « tribunaux populaires », devrait nous conduire à réfléchir sur les moyens de la rendre effective. La spécialisation des fonctions sociales et la division du travail étant ce qu'elles sont, rien, par ailleurs, ne nous permettant d'escompter, ni à court terme ni à moyen terme, une transformation en profondeur des mentalités, il n'y a guère lieu d'espérer que les sociétés organisées parviennent de sitôt à se passer d'un appareil de justice! Ce qui ne signifie pas qu'on doive l'accepter tel qu'il est, mais, au contraire, qu'il est essentiel de redéfinir son mode de formation, ses compétences, ses moyens, ses articulations possibles avec un environnement démocratique... Pour répondre à ces objectifs, les luttes en faveur des libertés devraient se doter de nouveaux instruments leur permettant de mener de front :

– des interventions au coup par coup dans des affaires concrètes d'atteintes aux droits et aux libertés;

– une activité de plus longue haleine, en liaison avec des groupes d'avocats, de magistrats, de travailleurs sociaux, de détenus, etc., en vue d'élaborer des formes alternatives de l'appareil de justice.

Les luttes défensives pour le respect du droit et celles, offensives, pour la conquête de nouveaux espaces de liberté sont complémentaires. Les unes et les autres seront appelées à prendre une importance au moins égale à celle des luttes syndicales ou politiques et à les influencer de plus en plus. C'est ce qui semble s'amorcer, en France, avec le rôle croissant que jouent les organisations telles que Amnesty International, la Ligue des droits de l'homme, France terre d'asile, la Cimade, etc.

Ce préalable étant posé, il n'en reste pas moins qu'on ne saurait traiter de l'évolution des libertés en Europe comme d'une chose en soi, en la tenant séparée de son contexte de tension internationale et de crise économique mondiale. Mais à peine ai-je énoncé ces deux têtes de chapitre qu'une nuée problématique se met à bourdonner à mes oreilles. Cette tension et cette crise doivent-elles être tenues pour des *causes* de l'affaissement des libertés ou, à l'inverse, comme des *conséquences* de la montée conservatrice et réactionnaire qui a succédé aux vagues de luttes pour les libertés des années soixante ? Je voudrais tenter de montrer que l'analyse de la tension Est-Ouest et celle de la crise mondiale ont tout à gagner à être ré-envisagées sous l'angle de cette question des libertés.

J'en viens quelquefois à me demander si les libertés, dans nos sociétés qualifiées (d'ailleurs non sans imprudence) de « post-industrielles », ne sont pas destinées à subir une érosion irréversible, du fait d'une sorte d'élévation globale de l'entropie du contrôle social. Mais ce sociologisme morose ne me gagne que les jours de déprime ! À y réfléchir plus sereinement, je ne vois aucune raison d'accoler un tel destin répressif à la prolifération, dans les rouages de la production et de la vie sociale, des machines d'information et de communication. Non ! Ce qui fausse tout, c'est autre chose ! Ce n'est pas le « progrès » technico-scientifique, mais l'inertie de rapports sociaux dépassés. À commencer par les rapports internationaux entre les deux blocs ! À commencer par cette course permanente aux armements qui vampirise les économies et anesthésie les esprits ! Alors je me dis que la tension internationale est peut-être moins, comme on voudrait nous le faire croire, le résultat d'un antagonisme de base entre les deux superpuissances, qu'un moyen pour elles, précisément, de « disciplinariser » la planète. En somme, les deux gendarmes en chef se répartiraient des rôles complémentaires – pas tout à fait comme dans le théâtre de marionnettes parce qu'ici les coups font très mal! – pour faire monter la tension dans le système afin que se trouvent exacerbés les facteurs de hiérarchisation de l'ensemble de ses composantes militaires, économiques, sociales et culturelles. En somme, là-haut dans l'Olympe des dieux de la guerre, beaucoup de bruit, beaucoup de menaces (et aussi, malheureusement beaucoup de choses vraiment dangereuses!) pour qu'en bas, à tous les étages, la valetaille se tienne tranquille!

Il est significatif, à cet égard, que la défense des libertés individuelles et collectives n'ait jamais constitué un enjeu sérieux dans les rapports conflictuels Est-Ouest. Une fois mis de côté les proclamations et l'étalage des grands principes, on voit bien de quel poids elle pèse dans les grands *deals* internationaux. (Le président Carter a même réussi à se ridiculiser auprès de la classe politique américaine en insistant plus que de coutume sur ce sujet!) En fait, les dirigeants occidentaux s'accommodent fort bien de ce que les peuples de l'Est soient fermement tenus en main par les bureaucraties totalitaires. Et, au-delà des apparences, derrière leur tapage idéologique et stratégique, ils paraissent bel et bien mener des politiques similaires, visant le même type d'objectifs, à savoir : contrôler les individus et les groupes sociaux de toujours plus près; les normaliser, les intégrer, si possible, sans résistance de leur part, sans même qu'ils s'en rendent compte (par le moyen des équipements collectifs, en ce qui concerne leur développement et leur « maintenance », par les médias, pour modeler leur pensée et leur imaginaire, et sans doute, à l'avenir, par une sorte de téléguidage informatique permanent pour leur assigner une résidence territoriale et une trajectoire économique). Le résultat? Il est là, déjà visible! Toujours plus de ségrégation génératrice de racisme ethnique, sexuel et de classe d'âge; toujours plus de liberté d'action pour la caste des boss et managers et toujours plus d'asservissement pour les pions de base du grand jeu capitalistique. L'affaissement des libertés, auquel on assiste un peu partout, dépendrait donc d'abord de la remontée des conceptions du monde conservatrices, fonctionnalistes et réactionnaires, mais cependant toujours prêtes à se saisir des « progrès » des sciences et des techniques, pour les mettre à leur service. Un tel contexte répressif n'aura été rendu possible, n'aura pu prendre de consistance, que du fait de la conjonction politique des bourgeoisies occidentales, des bureaucraties « socialistes » et des « élites » corrompues du tiers monde, au sein d'une nouvelle figure du capitalisme, que j'ai qualifiée ailleurs de « capitalisme mondial intégré » [1].

La crise, les libertés... Il est bien évident qu'elles ne sont pas sans entretenir quelque rapport! L'inquiétude économique, à elle seule, pèse lourd sur les

1. *La Révolution moléculaire*, Éd. 10/18, 1980. La mondialisation du capitalisme, qui s'opère par l'incorporation dans son système des pays de l'Est et du tiers monde, selon des modalités particulières, est décrite comme étant corrélative d'une intégration « moléculaire » sans cesse renforcée des facultés humaines et des affects, par le biais des médias, des équipements collectifs, des appareils d'État, etc.

esprits; elle inhibe jusqu'aux velléités de contestation; elle peut même favoriser des effets paradoxaux, comme en France le passage d'une fraction de l'électorat communiste vers le Front national de Le Pen. Mais, là aussi, est-ce que la présentation mass-médiatique ordinaire ne risque pas de fausser ce problème? Est-ce la crise qui pèse sur les libertés ou n'est-ce pas, plutôt, la passivité collective, la démoralisation, la désorientation, la désorganisation des forces novatrices potentielles qui laissent le champ libre au nouveau « capitalisme sauvage » pour opérer des reconversions de profit aux effets sociaux dévastateurs? D'une part, ce terme de « crise » est particulièrement mal venu lorsqu'il s'agit de dénoter l'espèce de catastrophe en chaîne qui secoue le monde, et avant tout le tiers monde, depuis dix ans. D'autre part, il est évident que la circonscription de ces phénomènes à la seule sphère de l'économie est tout à fait illégitime. Des centaines de millions d'êtres humains sont en train de crever de faim, des milliards d'individus s'enfoncent chaque année un peu plus dans la misère et le désespoir, et on nous explique tranquillement qu'il s'agit là de questions économiques dont on ne peut escompter l'avancement qu'à l'issue de la crise! On n'y peut rien! La crise, ça tombe du ciel, ça va, ça vient, c'est comme la grêle ou le cyclone Hortense! Seuls les augures – les fameux économistes distingués – auraient leur mot à dire là-dessus. Mais s'il est un domaine où l'absurdité confine à l'infamie, c'est bien celui-là! Car enfin, quelle nécessité y aurait-il à ce que des reconversions industrielles et économiques – fussent-elles planétaires, engageassent-elles les remaniements les plus profonds des moyens de production et du socius – dussent être assorties d'un tel gâchis! À nouveau se profile l'urgence d'un renversement à cent quatre-vingts degrés des façons de penser ces problèmes. *C'est le politique qui prime l'économique.* Pas l'inverse! Même si en l'état actuel des choses il est difficile d'affirmer que c'est lui qui fabrique la crise de toutes pièces – parce qu'il y a des effets d'entraînement, des interactions désastreuses que plus personne ne contrôle, par exemple, entre les dévastations économiques et les désastres écologiques, ou, dans un autre ordre d'idées, entre les monnaies et le marché du pétrole –, il n'en reste pas moins qu'il doit être tenu pour responsable de ses effets sociaux les plus pernicieux. Et la sortie de la crise ou, si l'on préfère, de la série noire sera politique et sociale. Ou elle ne sera pas! Et alors, l'humanité continuera de s'acheminer vers on ne sait quelle ultime implosion.

L'Europe, dans tout ça? On la vante fréquemment comme une aire de liberté et de culture, dont la vocation serait d'équilibrer les rapports Est-Ouest et de travailler à la promotion d'un nouvel ordre inter-national entre le Nord et le Sud. Il est vrai que, dans la dernière période, son versant allemand a commencé à découvrir tout l'intérêt qu'il y aurait pour lui à calmer le jeu. Mais on est encore bien loin d'une politique européenne autonome et cohérente. D'au-tant que la France s'enferre dans son rôle traditionnel de Don Quichotte de la défense avancée de l'Occi-dent! En fait, la liberté d'action de l'Europe se réduit comme une peau de chagrin à mesure qu'il se révèle qu'elle ne sortira pas indemne de la grande épreuve de reconversion du capitalisme mondial. Elle demeure pieds et poings liés à l'axiomatique stratégique, économique et monétaire des U.S.A. Au lieu de développer une dynamique unitaire entre les peuples qu'elle est censée réunir, la Communauté économique européenne a exhumé et exacerbé entre eux des haines qu'on croyait éteintes depuis longtemps. Et, ce qui n'est pas fait pour arranger les choses, l'ensemble de son flanc méditerranéen bascule peu à peu dans une forme intermédiaire de tiers mondisation.

La liberté est un droit! C'est même le premier de tous. Mais, le moins que l'on puisse dire, c'est que ce n'est pas un droit acquis. Les libertés concrètes ne cessent de fluctuer au gré des rapports de force et en raison des abandons ou des volontés de les réaffirmer. Pour se prémunir, dans ce domaine, contre les généralités et les abstractions, il faudrait parler de *degré de liberté* ou, mieux, de *coefficients différentiels de liberté*. La liberté humaine n'est jamais d'un seul tenant. Même dans le cas limite d'une solitude de tour d'ivoire, elle ne s'instaure que par rapport aux autres – à commencer par les blocs d'altérité introjectés dans le moi. Dans la pratique, les libertés ne se dénouent que par rapport au droit coutumier qui s'est instauré avec mes proches et mon voisinage, par rapport à la soumission de ceux qui sont en mon pouvoir, aux effets d'intimidation et de suggestion des instances qui me dominent et, en dernier lieu, par rapport aux règlements, aux codes et aux lois qui relèvent des divers domaines publics. De même que, dans l'Antiquité, le statut de libre citoyen ne s'était institué que sur fond d'un esclavage généralisé, aujourd'hui, les libertés des adultes blancs disposant d'un minimum de revenus n'ont pu s'instaurer, n'ont trouvé leur « standing » que sur fond d'asservissement des tiers mondes intérieurs et extérieurs. Ce qui veut dire, par exemple, qu'en France, la volonté la plus élémentaire de défendre les droits des immigrés ou de sauvegarder le droit d'asile politique, si dépourvue soit-elle d'arrière-pensées politiques, même issue de la simple charité, pourrait finir par porter très loin. Car, ce qu'elle met en cause, ce n'est pas seulement le respect de droits formels, mais toute une conception du monde, des axiomes cruciaux de ségrégation, de racisme, de repli sur soi, d'idéologie sécuritaire, et la perspective, à court terme, d'une Europe des polices plutôt qu'une Europe des libertés... C'est d'ailleurs bien pourquoi, dans le climat réactionnaire actuel, si peu de gens sortent de leur torpeur pour se mobiliser sur de tels objectifs!

Le respect des droits de l'homme, à l'Est comme à l'Ouest, au Nord comme au Sud; la paix et le désarmement, imposés aux États par les vagues, sans cesse renouvelées, de la « démoralisation pacifiste »[1]; l'instauration, entre les pays riches et le tiers monde, de rapports visant à l'épanouissement des potentiels humains : voilà ce que pourraient être les principaux axes internationaux d'une nouvelle pratique sociale d'émancipation et de conquête d'espaces de liberté. Mais ces thématiques ne pourront s'incarner dans des luttes significatives que pour autant que ceux qui auront la volonté de les mettre en acte sauront concrètement apprécier la double nature des obstacles

---

1. Allusion au thème de la « démoralisation de l'armée » développé par les socialistes du début de ce siècle.

que le capitalisme mondial intégré oppose à un tel projet, à savoir :

1. une adversité objective en constant renouvellement, du fait des transformations accélérées des moyens de production et des rapports sociaux;

2. une obnubilation subjective, une véritable production industrielle de subjectivité individuelle et collective, dont il ne faut pas s'étonner que l'efficace le plus redoutable se porte sur leurs propres rangs.

Sans m'étendre outre mesure, je voudrais maintenant évoquer les conditions auxquelles devraient répondre, selon moi, les agencements militants à venir, les futures machines de lutte pour la paix et la liberté sous toutes leurs formes. Je ne prétends nullement en détenir une définition exhaustive et en proposer un modèle « bon pour le service »! Il s'agit seulement de tirer quelques enseignements de la période faste des années soixante et de la déroute qui s'est ensuivie. Nous fûmes tout à la fois naïfs, brouillons, aveugles et éclairés, quelquefois sectaires et bornés, mais souvent visionnaires et porteurs d'avenir. Il est bien évident que notre avenir, du moins le plus proche, ne sera pas à l'image de nos rêves! Mais je suis convaincu qu'il a rendez-vous – et que, de ce fait, nombre d'entre nous ont rendez-vous – avec certaines données de méthodes qu'il est possible d'extraire des formes de luttes et des modes d'organisation de cette époque sans oublier les leçons tirées d'épreuves où certains ont sacrifié leurs plus belles années. Ces conditions, je les vois au nombre de trois.

1. Les nouvelles pratiques sociales de libération n'établiront pas entre elles des rapports de hiérarchisation; leur développement répondra à un principe

de *transversalité* qui leur permettra de s'instaurer « à cheval », en « rhizome », entre des groupes sociaux et des intérêts hétérogènes. Les écueils à contourner sont ici :

a. la reconstitution de partis « d'avant-garde » et d'états-majors qui dictent leur loi et qui modélisent les désirs collectifs sur un mode parallèle – bien que formellement antagoniste – à celui du système dominant. L'inefficacité et le caractère pernicieux de ce genre de dispositif ne sont plus à démontrer;

b. le cloisonnement entre les pratiques militantes, selon qu'elles visent soit des objectifs politiques d'envergure, soit la défense d'intérêts sectoriels, soit une transformation de la vie quotidienne... et la séparation entre, d'une part, la réflexion programmatique et théorique, et, d'autre part, une analyse – tout entière à inventer – de la subjectivité des groupes et d'individus engagés concrètement dans l'action.

Ce caractère transversaliste des nouvelles pratiques sociales – refus des disciplines autoritaires, des hiérarchies formelles, des ordres de priorité décrétés d'en haut, des références idéologiques obligées, etc. – ne doit pas être tenu pour contradictoire avec la mise en place, évidemment inévitable, nécessaire et même souhaitable, de *centres de décision* utilisant, le cas échéant, les technologies les plus sophistiquées de la communication et visant à une efficacité maximale. Toute la question, ici, est de promouvoir des procédures analytiques collectives qui permettent de dissocier le travail de la décision des investissements imaginaires de pouvoir, lesquels ne coïncident, dans la subjectivité capitalistique, que parce que celle-ci a perdu ses dimensions de singularité et s'est massivement convertie à ce qu'on pourrait appeler un éros de l'équivalence (« peu importe la nature de mon pouvoir, du moment que je dispose d'un certain capital de ce pouvoir abstrait »).

2. L'une des finalités principales des nouvelles pratiques sociales de libération consistera à développer, plus encore qu'à simplement sauvegarder, des processus de singularisation collectifs et/ou individuels. J'entends par là tout ce qui confère à ces initiatives un caractère de subjectivation vivante, d'expérience irremplaçable qui « vaut la peine d'être vécue », qui « donne un sens à la vie », etc. Après les décennies de plomb du stalinisme, après les multiples aller. retour au pouvoir des sociaux-démocrates – toujours le même scénario de compromission, de veulerie, d'impuissance et d'échec –, après le boy-scoutisme borné et tout aussi malhonnête des groupuscules, le militantisme a fini par s'imprégner d'une odeur rance d'église qui suscite désormais un légitime mouvement de rejet. Seule sa réinvention, sur des thèmes nouveaux, à partir d'une subjectivité dissidente, portée par des groupes sujets, permettra de reconquérir le terrain abandonné aux subjectivités préfabriquées par les médias et les équipements du capitalisme new-look. Et nous voilà ramenés à cette nécessité d'inventer une analytique collective des diverses formes de subjectivités « engagées ». À cet égard, nous ne partons pas tout à fait à zéro. Il y aurait beaucoup à apprendre sur la façon dont les *Verts, en Allemagne, ou Solidarność, en Pologne,* ont renouvelé les formes de vie militante. Nous disposons également d'exemples négatifs, avec le sectarisme de l'E.T.A. militaire basque ou avec les monstrueuses

déviations terroristes et dogmatiques des Brigades rouges en Italie, qui ont inexorablement conduit à y faire décapiter les mouvements de libération qui étaient, sans conteste, les plus riches et les plus prometteurs d'Europe.

Je le répète, il m'apparaît que le seul moyen d'échapper à ce genre de fatalité mortifère consiste à donner les moyens d'une gestion analytique des processus de singularisation, ou de « mise en dissidence » de la subjectivité.

3. Ces machines militantes mutantes, pour des espaces de liberté transversaux et singularisés, n'auront aucune prétention à la pérennité. Elles assumeront d'autant mieux leur foncière précarité et la nécessité de leur renouvellement incessant, qu'elles seront portées par un mouvement social de grande ampleur, lui, de longue durée. C'est ce qui les conduira à nouer de *nouvelles et larges alliances* qui les feront sortir de leur plus grave maladie d'enfance, à savoir une propension tenace à se vivre comme minorités encerclées. Il s'agit ici de sortir des logiques politiques traditionnelles : celle, duplice, des combinaisons de pouvoir et celle, puriste et sectaire, des mouvements des années soixante, et qui les conduisit à se couper définitivement de la grande masse des populations. Leur ouverture transversaliste devrait être suffisante pour les mettre en mesure de s'articuler à des groupes sociaux dont les préoccupations, les styles, les façons de voir sont fort éloignés des leurs. Ce ne sera possible que pour autant que, précisément, elles assumeront leur finitude et leur singularité, et qu'elles sauront se déprendre sans appel, sans arrière-pensée, du mythe pervers de la *prise du pouvoir d'État* par le parti de l'avant-

garde. Personne ne prendra plus le pouvoir au nom des opprimés! Plus question de confisquer les libertés au nom de la Liberté. Le seul objectif désormais acceptable, c'est la prise de la société par la société elle-même [1]. L'État! C'est un autre problème. Il ne s'agit ni de s'y opposer de façon frontale ni de conter fleurette sur sa dégénérescence en douceur pour les lendemains du socialisme! D'une certaine façon, on a l'État qu'on mérite! Je veux dire que l'État, c'est ce qui reste comme forme la plus abjecte du pouvoir quand la société s'est délestée de ses responsabilités collectives. Et ce n'est pas seulement le temps qui viendra à bout de cette sécrétion monstrueuse, mais avant tout des pratiques organisées conduisant la société à se dégager de l'infantilisme collectif auquel la destinent les médias et équipements capitalistiques. L'État n'est pas un monstre extérieur qu'il faut fuir ou dompter. Il est partout, à commencer en nous-mêmes, à la racine de notre inconscient. Il faut « faire avec ». C'est une donnée incontournable de notre vie et de notre lutte.

La transversalité, la singularisation, les nouvelles alliances, voilà les trois ingrédients que je voudrais voir versés à profusion dans la marmite aux libertés. C'est alors qu'on verrait la fameuse « arriération » de l'Europe et ses « archaïsmes » bien connus changer de couleur. Je rêve du jour où les Basques et les clandestins de l'Ulster, les Verts allemands et les mineurs écossais et gallois, les immigrés, les pseudo-cathos polonais, les Italiens du Sud et la meute

1. Au sens où la Pologne contestataire oppose aujourd'hui la société et l'État-parti.

sans nom de tous ceux qui ne veulent rien entendre, rien savoir de ce qu'on leur propose, se mettent à crier tous ensemble : « Oui, nous sommes tous des archaïques et votre modernité, vous pouvez vous la mettre où vous voulez! » Alors la passivité et la démoralisation se transformeront en volonté de liberté et la liberté en force matérielle capable de détourner le cours d'une sale histoire.

1985 – LE CINQUIÈME MONDE
NATIONALITAIRE

Marginal, résiduel, archaïque... voilà comment est perçu, le plus souvent, le fait nationalitaire – mais mieux vaudrait dire : comment il est donné à percevoir à l'opinion par les médias. Les Palestiniens, les Arméniens, les Basques, les Irlandais, les Corses, les Lithuaniens, les Ouïgours, les Tziganes, les Indiens, les Aborigènes d'Australie... chacun à leur façon, et dans des contextes bien différents, apparaissent comme autant de laissés-pour-compte de l'histoire. Pourchassés sur les continents du tiers monde, enserrés dans les mailles des deux grands ensembles qui prétendent régir la planète, ils sont renvoyés au quart monde de la misère et de l'inadaptation chronique, et, selon les circonstances, tolérés et assistés, ou victimes d'ethnocides voire d'extermination pure et simple.

En fait, cette nébuleuse aux contours indéfinissables est appelée à jouer un rôle grandissant au sein des relations internationales qu'elle « parasite » déjà notablement. Et nous considérons, pour notre part, que le rôle de ce cinquième monde nationalitaire ne sera plus, à l'avenir, uniquement passif et défensif, mais qu'il apportera un renouvellement décisif aux valeurs culturelles, aux pratiques sociales et aux modèles de société de notre époque. André Malraux a pu dire du XIXᵉ siècle qu'il avait été celui de l'internationalisme; le XXᵉ siècle celui des nationalismes; le XXIᵉ siècle sera peut-être, du moins l'espérons-nous, celui de la conquête de territorialités nationalitaires capables de conjurer les fléaux majeurs qui menacent l'humanité aujourd'hui, à savoir son uniformisation capitalistique et étatique et son extermination par la famine et les guerres.

Faute de déjouer deux leurres idéologiques à la vie particulièrement tenace, on ne saurait prendre la mesure du fait nationalitaire contemporain.

Le premier est relatif aux conceptions linéaires de la genèse historique des entités ethnico-nationales. Sa forme la plus courante consiste à postuler une continuité quasi nécessaire, pour ne pas dire naturelle, entre les *ethnies primitives inorganisées* (par exemple, les tribus gauloises), *les États ethnico-nationaux* (par exemple, lors du passage de l'Égypte ancienne de l'époque prédynastique à la période pharaonique), puis les *empires* organisés autour d'une ethnie dominante ou d'une communauté religieuse universaliste, pour aboutir, enfin, aux *États territoriaux,* qui résultent, au sortir de la féodalité, de l'affirmation des pouvoirs royaux sur les anciens rapports de fidélités personnalisés. Sur les bas-côtés de cette voie royale vers les États-nations modernes végéteraient des sousensembles résiduels tels que les Burakumin au Japon, les forgerons en Afrique, les parsis aux Indes et une multitude de régionalismes en voie de résorption. Mais les historiens d'aujourd'hui ont commencé de prendre leur distance à l'égard de ce genre d'ordonnancement généalogique. D'abord parce que tous les groupes tant soit peu consistants ne manquent jamais de recomposer leur propre trajectoire de façon à légitimer leur existence et leurs prérogatives, de sorte qu'il est pour le moins aventuré d'escompter imposer, en surimpression de ces histoires assumées souvent dans des passions antagonistes, une Histoire objective, avec un grand H, garantie pure science! (Ces histoires autolégitimantes, après tout, ne font-elles pas aussi partie de l'histoire?) Et ensuite, parce que les évolutions géopolitiques actuelles ne cessent de ré-activer des nationalités opprimées, des questions ethniques, claniques, voire tribales, qui ébranlent les découpages territoriaux plus ou moins artificiels, tels que ceux qui ont été constitués en héritage du colonialisme, ou même des États-nations de vieille souche.

Les abords réductionnistes des faits nationalitaires constituent le second leurre dont il conviendra de se déprendre. On ne saurait les appréhender dans leur mouvement en les considérant sous l'angle d'une circonscription univoque d'ordre, par exemple, racial, linguistique ou culturel. Il s'agit, en fait, de formations subjectives complexes, aux composantes hétérogènes, voire discordantes. Toujours on se trouve en présence de carrefours, de dérives, de mélanges plus ou moins ressaisis par une mémoire et une volonté collectives. De tels groupes-sujets peuvent, certes, se trouver assujettis, réifiés, du fait d'un encerclement hostile assorti d'un mouvement interne de refermeture emblématique ou d'une clôture étroitement nationaliste! Mais un tel retournement centripète ne saurait caractériser la révolution nationalitaire qui traverse notre époque; il relève même d'une réaction conservatrice-archaïsante qui lui est foncièrement antagoniste. Ce qui importe ici, nous ne saurions trop le souligner, ce n'est pas une fusion communautaire, source si fréquente de consensus oppressifs, mais la mise en jeu des processus de singularisation, le dégagement des espaces de liberté, de désir et de création, qu'une recomposition nationalitaire rend possibles.

Ces deux préalables généalogiques et réductionnistes étant levés, nous devrions mieux être en mesure de dégager la dimension politique fondamentale des luttes du cinquième monde, qu'on devra également démarquer des luttes de libération nationales qui ont soulevé le tiers monde, au lendemain de la Seconde Guerre mondiale, parce qu'elles ne se situaient encore que dans une perspective essentiellement d'État-nation.

Durant la dernière période, le capitalisme mondial a opéré une importante reconversion qui lui a permis d'associer de plus en plus étroitement aux économies capitalistes dites libérales un nouveau capitalisme « périphérique », implanté dans le tiers monde, et une part notable des économies capitalistes-étatiques des pays de l'Est. Cette association, instaurée en dépit des tensions internationales et des conflits locaux, n'a pu être menée à bien que par la transformation des instruments de pouvoir du capitalisme qui reposent désormais:

1. sur une déterritorialisation accentuée des domaines de production, d'échange et de capitalisation du savoir;

74

2. sur la mise en place d'une énorme machine de production de subjectivité collective.

La liquidation systématique des anciens modes territorialisés de vie sociale et de division du travail par des moyens de plus en plus mécanisés et informatisés est bien connue et n'appelle pas ici de commentaires particuliers. En revanche, la mise en œuvre d'une production massive de subjectivité « de rechange », par le biais de mass media, d'équipements collectifs, de moyens accélérés de communication et de déplacement, qui se sont substitués aux modes traditionnels de reproduction de la socialité et du savoir (par le maternage, la vie domestique, le voisinage, les classes d'âge, les corporations, etc.), concerne directement notre problème.

La subjectivité, dont se trouve en quelque sorte « équipé » chaque individu, tout au long de sa vie, est conçue pour le rendre aussi malléable et adaptable que possible aux exigences du système en matière de discipline du travail, de hiérarchisation et de ségrégation sociales, et elle est désormais régulée à l'échelle planétaire (tout particulièrement depuis la grande crise de 1974) par des procédures de précarisation systématique. Qu'il soit ou non « garanti » par un statut salarié, chaque individu qui n'appartient pas à la minuscule minorité des nouvelles aristocraties du capital peut, à tout moment, se voir expulsé de ses fonctions, exproprié de sa position, en raison des exigences capitalistiques de production et de commandement. Telle est la finalité ultime des politiques d'inflation différentielle et de chômage qui sont devenues des instruments permanents de « normalisation ». Les flux impersonnels de la force de travail social évoluent ainsi sur une échelle monstrueuse, s'étageant des masses tyrannisées du tiers monde jusqu'aux nantis du système (d'ailleurs tout aussi aliénés les uns que les autres, quoique sous des formes différentes). Je crois que c'est, pour une large part, en réaction à ce « parquage » bestial de la subjectivité que se sont développés les nouveaux mouvements nationalitaires. Au départ, il semble qu'il se soit principalement agi, pour leurs initiateurs, d'essayer de reconstituer les coordonnées de solidarité humaine les plus élémentaires. Mais, à l'évidence, ces mouvements ne se réduisent pas à ce seul « ressaisissement » collectif. Ils engagent aussi des dimensions constructives et même d'immenses plus-values de possibles que je voudrais à présent évoquer.

S'il est vrai que c'est la pression du capitalisme mondial sous toutes ses formes qui a rendu plus urgente que jamais, pour nombre de collectivités humaines, une recomposition de territoires existentiels de survie et, au-delà, une réinvention de la vie sociale, alors il y a tout lieu de s'attendre à ce que ce genre d'entreprise ne soit pas sans affinité avec d'autres tentatives, venant, elles aussi, en réponse à d'autres ravages de l'intégration capitalistique. On pense ici, bien sûr, aux mouvements d'immigrés et tout particulièrement à ces « cultures migrantes » portées par les « secondes générations », qui pourraient constituer une véritable chance pour un pays comme la France, à condition toutefois qu'elle parvienne à neutraliser les pulsions racistes et xénophobes qui la travaillent! On pense aussi à un mouvement comme celui des *Grunen*, en Allemagne, qui a réussi à articuler la défense de l'environnement et la contestation de la militarisation à l'expérimentation de formes nouvelles de démocratie, mieux articulées que les anciennes aux réalités quotidiennes et aux conditions modernes de l'existence. Et, de proche en proche, c'est tout le cortège des luttes minoritaires qui se présente à l'esprit, en particulier les mouvements de libération de la femme – d'ailleurs pas si minoritaires que ça! – qui, à eux seuls, ont plus œuvré à l'évolution de la trame moléculaire des rapports entre les sexes qu'un siècle de revendications des gauches traditionnelles.

Cela étant, il est clair qu'on ne saurait réunir autour d'un quelconque « programme commun » ou d'une organisation unique les immigrés, les féministes, les écologistes et les nationalitaires (dont les méthodes sont souvent rien moins que pacifistes!). Ce ne serait ni possible ni souhaitable. Il s'agit de groupes dont les objectifs, les méthodes, les sensibilités et même la logique diffèrent radicalement. Et cependant, malgré leur pluralité et leurs contrastes, on pressent qu'ils ont quelque chose à faire ensemble, parce qu'ils participent, chacun à leur manière, d'une même tentative de recomposition d'un tissu social mutilé par le capitalisme et les appareils étatiques. Sans doute la saisie de ce genre d'« affinités électives » relève-t-elle plus d'un abord esthétique que d'une analyse politicienne classique, uniquement soucieuse de représentativité et de rapports de force ou d'une dialectique historico-économique à prétention scientifique! Mais s'il est vrai qu'on se trouve bien en présence, comme j'en ai la conviction, d'une révolution sans précédent en raison de son ampleur et surtout du fait qu'elle procède à partir d'une succession paradoxale de crises, sans aboutissement à court terme, mais qui n'en travaillent pas moins dans le registre que Fernand Braudel a défini comme étant celui des « longues durées », alors il n'y a rien d'étonnant à ce que nous soit posée la question d'un renouvellement de nos instruments conceptuels et pratiques pour la rendre intelligible et pour l'appréhender concrètement! Faute d'une telle exploration théorico-pratique, cette « révolution moléculaire » n'embraiera pas sur les transformations sociales et politiques à grande échelle qui lui donneraient toute sa portée; elle restera marginalisée; elle tournera en rond ou, pire encore, implosera d'une façon catastrophique, comme ce fut le cas en Italie, à la fin des années soixante-dix, à l'issue d'une décennie de luttes novatrices qui sombrèrent sous les coups conjugués d'un terrorisme stupide et répugnant et d'une répression d'État dont il donna le prétexte.

Aux luttes nationalitaires me semble donc tout spécialement impartie la tâche de rendre compatible deux perspectives qui paraissaient jusqu'alors inconciliables :

1. créer les conditions d'un essor des luttes de libération moléculaires, sans immixtion d'appareils politiques extérieurs dans le respect de l'autonomie de chaque composante;

2. mettre en place, néanmoins, des appareils de lutte capables de contrer efficacement la répression – et, à cette fin, de concentrer des informations et des instruments de décision – sans pour autant instituer un foyer central et hégémonique de pouvoir.

De ce que ces luttes minoritaires réussiront ou non à échapper aux perversions nationalistes-étatistes qui les guettent, de ce qu'elles seront aptes ou non à préfigurer des dispositifs sociaux non capitalistiques – aussi bien sur un plan économique que sur le plan des formations de pouvoir –, de ce qu'elles parviendront ou non à faire alliance avec les nouveaux prolétariats des métropoles et avec la masse immense des opprimés du tiers monde, dépendra, pour une large part, la sortie de la crise que nous traversons et surtout son sens historique.

1985 – ENTRETIEN AVEC MICHEL BUTEL

Michel BUTEL. Il y a l'enfance, l'adolescence. Après la guerre, il y a Lucien Sebag, il y a *La Voie Communiste,* il y a la fin de la Guerre d'Algérie, la dissolution de *La Voie,* il y a Mai... des noms propres, et puis le dernier nom... Deleuze. Deleuze ça répondait à quelque chose dont tu avais envie, travailler, créer avec quelqu'un. Tu parlais de Sebag comme si, à un moment donné, vous auriez pu travailler ensemble. Tu espérais ne pas continuer seul; je ne parle pas uniquement de ne pas continuer la psychanalyse...

Félix GUATTARI. J'ai participé d'un mythe, celui d'un projet, d'un agencement collectif d'expression, d'un atelier de production, sur le plan théorique, sur le plan analytique, sur le plan militant, etc. Il y a eu un moment de bonheur avec ces réunions qu'on faisait à la F.G.E.R.I. (Fédération des groupes d'étude et de recherches institutionnelles), dans lesquelles il y avait Fourquet, Medam... Il y avait des trucs curieux... on ne parlait pas fréquemment des histoires personnelles, mais enfin, quand même, ça affleurait, puis on délirait, puis on passait à des choses hyper-sérieuses...

À une époque antérieure, les réunions avec Oury, c'était aussi quelque chose qui allait dans le sens d'un agencement collectif d'expression.

Maintenant, je suis très hésitant pour porter un jugement sur tout cela. Je pense qu'il y avait des aspects positifs et des aspects négatifs. C'était l'exploration d'un mode de travail complètement différent de celui qui existe généralement dans les universités, la recherche. Et la possibilité de faire germiner des idées qui, sans cela, seraient restées repliées sur elles-mêmes, qui ne seraient peut-être même pas apparues, des éclairs et aussi des projets, des institutions, à travers des débats, des plaisanteries, et aussi des conflits, des méconnaissances, etc.

La F.G.E.R.I., c'était quand même assez extraordinaire : aucun fonds, aucune subvention et quand même plus d'une centaine de personnes, d'origines très différentes, qui se rencontraient, pour approfondir la thématique d'un élargissement de l'analyse, en dehors des cadres, d'une part, du divan et, d'autre part, du structuralisme psychanalytique, tel qu'il commençait à s'instaurer de façon despotique autour du lacanisme.

L'aspect négatif, c'est, qu'au fond, ça pouvait devenir, cette technique de « brain storming », un alibi pour ne rien faire... Quelques réflexions comme ça, des phrases sonnettes d'alarme : Philippe Girard disant au moment où j'avais commencé mon travail avec Deleuze : « Tiens, Félix, il lit maintenant... »

Le pré-projet de travail avec Deleuze participait encore beaucoup de ce fantasme... L'idée, c'était de discuter ensemble, de faire des choses ensemble – c'était en 1969, une période encore marquée par les bouillonnements de 68. Faire quelque chose ensemble, ça voulait dire lancer Deleuze dans toute cette marmite. À vrai dire, il y était déjà; il voyait des gens, il faisait un tas de choses... C'était l'époque du G.I.P. (Groupe d'Information sur les Prisons)... Je l'avais embarqué avec Foucault dans ce qu'était devenu le C.E.R.F.I. (Centre d'Étude, de Recherche et de Formation Institutionnel), en obtenant un contrat d'étude pour chacun d'eux et leurs collaborateurs. D'une certaine façon, il y avait donc bien un « embarquement » dans ce travail collectif. Mais Deleuze, dès lors qu'on avait passé un accord pour travailler à deux, avait immédiatement refermé les portes. Il s'est produit un repli que je n'avais pas prévu. Et le C.E.R.F.I. a suivi sa voie, indépendamment de moi. Mais il y a un certain nombre de gens, justement comme Fourquet, Médam, etc., pour qui ce fut un problème.

BUTEL. C'est comme dans les romans de formation; il y a eu la famille, après il y a eu les années de travail, puis il y a eu la politique – c'est-à-dire les histoires familiales qui affrontent l'argent, le sexe... Je me dis qu'il y a eu, à un moment donné, un désenchantement énorme; même s'il n'était pas imaginé de toi, il n'y avait pas de désir politique, il n'y avait plus celui de la guerre d'Algérie et il n'y avait pas encore celui de Mai 68, une époque de non-œuvre... « Est-ce que je vais continuer à faire de la politique? Est-ce que je vais continuer de travailler? Est-ce que je vais continuer à être analyste? Est-ce que je me fous en l'air?...

Résoudre des problèmes en étant soi-disant dans un état de distraction incroyable. Alors que ce n'est pas du tout un état de distraction, c'était un état de gestion... comme si on était en train de régler ses comptes, d'apurer ses comptes. Comme les derniers moments d'entraînement d'un sportif. C'est-à-dire, avant d'affronter ce travail avec Deleuze, il fallait... quand même être prêts; parce que souvent il y a des ratages incroyables dans la vie : on était sur le point de faire quelque chose avec quelqu'un, paf il vous file entre les mains; ou bien l'époque ne s'y prête pas... Il faut être en forme à un moment donné. Et il me semble que les années immédiates d'avant la rencontre avec Deleuze, c'est un peu ça, comme si tu t'apprêtais à quelque chose. En ce sens, Mai 68, ça pouvait aussi bien basculer pour toi dans un truc extraordinairement morne, qui allait te faire resurgir de façon répétitive des choses que tu avais connues, sur lesquelles tu avais anticipé 68 et qui, finalement, n'étaient pas du tout productives. Et il fallait comme souvent, faire semblant : « Ah! il y a l'amour libre... extraordinaire! ah! les imbéciles ont autant d'intelligence que les intelligents... génial! ah! les formes d'organisations anciennes sont pourries et ne mèneront à rien... super! » Cette simulation ne peut pas durer longtemps.

Alors, après 68... tu dis parfois que Deleuze voyait plus clair que toi, qu'il était meilleur stratège, qu'il voyait où vous alliez en venir... Mais il fallait bien « en venir »! sous forme d'un travail avec Deleuze ou autrement, il fallait bien en finir. Puisque c'était déjà fini! Puisque le sursaut de 68, les événements de 68 ont été presque du retard à l'allumage... Je ne crois pas que ce soit ton histoire personnelle qui soit en jeu. Je crois qu'en France, 68 a joué un rôle incroyable de beauté et en même temps un peu trop artistique... On dit toujours « répétition générale », au sens où ça anticipe sur quelque chose qui se passerait après. Moi, je crois au contraire « répétition générale » au sens de recommencer pendant un mois tout ce qui a déjà eu lieu, en Mai 68; des tas de gens ont exposé, ont montré au monde, aux Français, au pouvoir, à De Gaulle, etc. : voilà où on en est, voilà où en sont les trotskystes, voilà où en sont les « situ », etc.

GUATTARI. À la veille de 68, j'avais le sentiment d'être sur une vague porteuse, de faire du surf, en articulant toutes sortes de vecteurs d'intelligence collective. Rupture avec *La Voie Communiste,* avec un style militant un peu dogmatique, un peu demeuré... Mise en question progressive du lacanisme, d'ailleurs moins sur le plan théorique que sur le plan des pratiques. Remise en question d'un certain style de conjugalité, lié à ma situation à La Borde... Effectivement, tout cela était très prometteur!

68, ça a été un coup très ambigu... Il est vrai qu'il y a eu un niveau d'entropie très élevé de l'intelligence collective, une espèce de médiocrité, et de démagogie... J'avais essayé de créer des instruments d'expression, avec toujours la même bande... mais c'était lourd et les jeux de pouvoir ont vite repris le dessus avec des gens comme July et Geismar, et l'amorce de cette chose désastreuse qu'a été la Gauche prolétarienne – dont on ne dira jamais assez de mal, à mon avis.

Pour moi, l'après-68, c'étaient les comités d'action, l'alternative à la psychiatrie, les mouvements féministes, le mouvement homosexuel... J'espérais qu'on allait poursuivre une élaboration collective, mais il s'est mis à régner une sorte d'interdiction de penser. On a du mal, maintenant, à imaginer la démagogie qui régnait à Vincennes et dans tous ces milieux-là : « Quoi, qu'est-ce que tu dis?... On n'y comprend rien! Qu'est-ce que ça signifie d'employer des mots compliqués comme ça?... » Deleuze se faisait interrompre sans arrêt, pendant son cours, par des crétins innommables. Un folklore inouï! Ce sont les faux frais de l'Histoire...

Le miracle, pour moi, ce fut alors la rencontre avec Deleuze. Ça dénouait toute une série de choses. Comment ça s'est passé? Je lui avais expliqué mes conceptions relatives à la subjectivité de groupe, toutes ces histoires de transversalité, etc.; j'étais très content; il m'approuvait chaleureusement. Et puis il me disait : « Pourquoi vous n'écrivez pas tout ça? » À vrai dire, l'écriture ça me hérisse toujours un peu, discuter avec des gens, parler, ça va bien; mais écrire... Alors il m'a dit : « On peut le faire ensemble. » Il y a eu une ambiguïté, pendant un certain temps, dans ma tête. Naïvement, cet « ensemble » ça voulait dire : avec mes amis, avec ma bande; mais ça n'a pas duré longtemps! J'ai vite compris qu'il n'était pas question que nous soyons plus de deux. Ce fut une folie de travail que je n'avais jamais connue jusque-là. Ce fut une entreprise savante et prudente, mais aussi radicale et systématique, de démolition du lacanisme et de toutes mes références antérieures et un travail d'épuration de concepts que j'avais « expérimentés » dans différents champs, mais qui ne pouvaient prendre leur pleine extension parce qu'ils leurs restaient trop attachés. Il fallait qu'il y ait une certaine « déterritorialisation » de mon rapport au social, à La Borde,

à la conjugalité, à la psychanalyse, à la F.G.E.R.I.
pour qu'on puisse donner toute leur portée à des
concepts comme celui, par exemple, de « machine »...
Sinon ils tournaient dans des aires trop restreintes.

L'étayage philosophique et surtout le travail à long
terme avec Deleuze donnaient une efficacité toute
nouvelle à mes premières amorces de théorisation. Si
tu veux, c'est la différence entre J.-J. Rousseau qui
écrit les petites mélodies du *Devin de village* et J.-
S. Bach qui, à partir de quelques ritournelles, écrit
Le Clavecin bien Tempéré!

BUTEL. Est-ce que l'une des erreurs d'avant ce
n'était pas l'espoir que, s'il y a de la pensée, et s'il y
a du concept, on peut immédiatement le vérifier dans
les institutions? Pendant toute une époque de réunions, de discussions, une façon de scruter, pratiquement au jour le jour, des destins particuliers, des
aventures particulières, et puis le devenir-groupe. Et
se dire : « Bon, maintenant, on voit qui est X, qui est
Y, ce qu'ils font en ce moment; on voit le groupe...
attendez, on n'a rien oublié avant de fermer les
lumières dans le labo? » Et puis on se dit : « Oh si,
on a oublié notre travail intellectuel, conceptuel, nos
phrases, qu'est-ce que ça donne en réaction avec le
groupe, avec les gens? » Alors on reste encore une
heure ou deux à bosser, pour voir, et on espère
quelque chose qui n'arrive jamais. On en attend un
effet qui ne peut pas se produire quand on est là
tout le temps... Or, il faut ménager des moments de
distraction fantastique pour que les gens prennent
leur essor. Tu dis par exemple que Deleuze a pris
une précaution essentielle en ne soumettant pas ça,
physiquement, et donc au jour le jour, à une expé-

rimentation collective... J'ai toujours eu l'impression, avec toi, qu'existait presque physiquement cette détente par rapport à la trivialité des événements, qui faisait espérer de toi quelque chose qui soit du côté de l'envol. Et en même temps, j'ai toujours vu une espèce de vigilance, que moi je dirais stalinienne, qui est de rapporter les choses à une institution.

GUATTARI. Effectivement, Deleuze, gentiment, sans avoir l'air de trop y toucher, a cassé un certain mythe groupusculaire. La bande, c'est quelque chose qui traîne depuis mon enfance dans mon imaginaire; que les bandes se soient reformées autrement, ça fait partie de la physique sociale, rien ne se perd, tout se retrouve, à tous les carrefours...

Merci pour le décollage et l'envol – ce que d'autres ont appelé ma disponibilité. Je crois que j'ai réussi à la préserver pour des raisons presque caractérielles. D'ailleurs ça a aussi des côtés négatifs. Toute démarche constructive est doublée, chez moi, d'un « d'accord, c'est bien, ça marche, c'est formidable, mais si ça se cassait la gueule, ça ne serait pas mal non plus, ça serait peut-être encore mieux! » Avec en arrière-fond, la ritournelle de purification : « buvez, éliminez ». Si tu veux, j'ai l'impression que tu mets trop l'accent sur une face, chez moi, de récupération pour des projets positifs, pour une « bonne cause » et que tu méconnais une autre dimension de sabotage inconscient, une sorte de passion de retour au point zéro.

BUTEL. Non, ce n'est pas au sens « récupération »... Mais on sait exactement où en est Untel, où en est le groupe et où on en est par rapport à ce qu'on instille dans le champ théorique. « Il y a une chouette dans l'appartement; on le sait bien, puisque c'est nous qui l'avons élevée; on ferme toutes les portes et toutes les fenêtres et on va la retrouver, elle est là... » Si tu veux, s'il y a vraiment un oiseau qui vole, on ne le retrouvera pas, d'après moi...

Je t'imagine dans l'histoire de Deleuze lui dire : « On va se mettre là pour travailler »; tu vois qu'il n'est pas content, alors : « On se met dans la pièce d'à côté »; il y a quelque chose qui ne va toujours pas : « On se met dans la pièce du fond »; et, finalement, tu comprends tout d'un coup qu'il vaut mieux laisser l'appartement refermé, et dedans tous les gens, toutes les institutions, etc. Aller, dehors! Pas « dehors » au sens où, c'est le grand espace, mais « dehors » au sens où là, personne n'écoute, là, personne ne fait le point... Avec toi, tout le monde avait espéré, à un moment, parler et travailler comme si de rien n'était. Si on travaille comme si de rien n'était on travaille beaucoup plus sérieusement. Dans la mesure où il y avait une souplesse institutionnelle, une récréation perpétuelle extraordinaire qui mettait en garde contre les structures habituelles de travail mais qui, en même temps, ne produisait pas le travail que ne peut produire que ce : « C'est fini la récré, maintenant, on bosse! » Or, toi, tu voulais mettre du travail dans la récréation. En cela tu as enrichi considérablement la sphère de la récréation, mais il faut s'arrêter, revenir en classe, etc. Deleuze, avec ce truc minimal, peut-être même des ruses organisationnelles, des histoires sans avoir l'air d'y toucher, et pas de mise en garde confraternelle, a réussi. Or dans une récréation aussi riche que celle autour de toi, pendant des années, il y a forcément une déception quand tu dis : « On rentre en classe » – surtout quand tu dis : « Je rentre en classe, avec le nouveau, là, et vous restez dehors à jouer...!! » C'est vrai, ça fout le cafard; sauf que, dans ces cas-là, il y a beaucoup de gens qui diront : « Moi aussi, je vais chercher une salle, je vais me mettre à bosser... » Si tu as vraiment travaillé pendant des années, tu ne peux plus faire le point...

GUATTARI. Il y a en moi une puissance de détachement, dont je suis le spectateur. Pour moi, il y a des gens qui s'allument, ça clignote, et puis des fois ça s'éteint et ça s'éteint à un point que j'oublie même le nom de la personne en question... Et puis à d'autres moments, tout est là, ça n'a jamais changé...

BUTEL. Dans cette histoire, il y a deux faces. Sur le plan positif, ça correspond à un état de rêverie. Par exemple, on peu penser que les gens, si on les a quittés, ils peuvent être là de nouveau. Ce n'est pas, en réalité, ce que l'espèce humaine appelle des ruptures (le scandale habituel du divorce, etc.); ils peuvent être là de nouveau, cinq ans, dix ans plus tard... Quelle importance qu'on ne soit plus aimé, on recommence. C'est quelque chose qui va plutôt contre l'horreur habituelle, pouvoir recommencer.

Personne ne dit jamais : « Ah bon, tu as tué ta première femme, et puis tu as tué la seconde, et puis... »; c'est la loi même de la vie, on ne peut pas être atterré; on se dit que c'est évident, que s'il faut progresser, s'il faut continuer à vivre...

Donc, quelque chose de légitime. Mais le sentiment, par ailleurs, joue un rôle plus intelligent que ça dans la vie... comme si dans ce monde hostile il fallait continuer, donc on continue, avec les forces qu'on a; c'est la jungle... qui m'aime me suive; ou qui est capable de me suivre me suive... c'est quand même les tyrans qui font ça, le roi Lear ou Staline, ce côté pionnier effroyable.

Je me demande si ce n'est pas aussi, à terme, méconnaître les facultés d'endormissement, les pannes incroyables qui ont lieu dans la vie, chez les gens, ces pannes qui font que les gens cessent d'émettre brusquement, cessent de clignoter...

GUATTARI. Je n'avais pas bien réalisé l'importance, au sein des relations de travail, des effets de transfert et la merde que ça pouvait déclencher. Moi, j'avais la liberté de prendre mes distances mais eux ne l'avaient pas toujours. On comprend ça dans les relations amoureuses... Je crois que le problème, alors, n'est pas que les gens cessent de clignoter, mais qu'ils clignotent trop...

BUTEL. Ce n'est pas les gens qui émettent des clignotements, aucun d'entre eux, *a priori,* n'émet, mais... par exemple un projet circule, et puis il fait clignoter. Tu te trouves là, il y a des groupes, des individus, il y a aussi des moments historiques... tu passes à côté de quelqu'un et... ça clignote. Si tu continuais à circuler, si le processus continuait, si le fluide continuait, est-ce que de façon extrêmement détournée, inattendue, ces gens ou ces institutions ne réémettraient pas? D'une façon générale, ce que tu dis sur le deuil montre que c'est une chance extraordinaire. En même temps, est-ce qu'il n'y a pas une perte incroyable à quoi pourrait remédier, maintenant ou dans les années à venir, une intelligence nouvelle... Est-ce qu'il ne faut pas que ça circule dans les endroits complètement morts? Est-ce que ça suffit que ça circule là où ça marche? Est-ce qu'on n'a pas besoin de gens complètement morts, sans réaction...?

GUATTARI. Mon fonctionnement demeure beaucoup plus proche de celui des enfants dont Freud dit qu'ils ne peuvent se représenter la mort de quelqu'un. C'est comme ça, ça s'éteint. Pour moi, la plupart des gens sont morts; ils ne sont pas morts, ils n'existent pas, ils n'ont jamais existé. Je suis en position de chaînon intermédiaire, jamais en position de définir une finalité, une attente, une demande. Une position très passive.

BUTEL. Coluche – que je trouve vraiment marqué de génie – je me demande comment c'est retombé, en dehors du fait que Mitterrand ait gagné.

GUATTARI. Coluche, c'est un autodidacte. Pour une part, totalement sûr de lui, une assurance extraordinaire, une rapidité de compréhension des situations, une virtuosité d'expression exceptionnelle; c'est comme les danseurs Buto japonais, il saisit les choses avant même qu'elles aient eu le temps de prendre corps dans la tête des gens; il est partout à la fois, dans toutes les possibilités du langage. Et, en même temps, il est d'une fragilité totale, c'est-à-dire démuni devant l'adversité intellectuelle, devant le journalisme... Ce qui fait que le renfort intellectuel qu'on lui apportait, en 1981, était à la fois très précieux pour lui et très encombrant... Il y a eu, d'un seul coup, focalisée sur un individu, toute la dangerosité du regard public, comme si on concentrait un rayon de soleil pour tout brûler. Je crois que Coluche, c'est ça qui lui est arrivé. Tant qu'il n'exposait que son masque de clown, il pouvait le gérer, avec grande virtuosité; ce masque était comme un miroir aux alouettes. Seulement, quand ce n'était plus ce masque qu'il offrait, mais sa fragilité, sa précarité, peut-être même une personnalité un peu psychotique, alors là... Et c'est formidable qu'il se soit repris avec ses films...

J'en reviens toujours à cette idée des tirages de probabilités rares. La propulsion de singularité résulte toujours d'un petit miracle de rencontres qui peut aboutir à des transformations qui ne sont plus singulières parce qu'elles peuvent retourner la planète entière... Certains événements, les plus cons comme les plus géniaux, doivent arriver statistiquement. 1968 relève d'un tirage de cet ordre. C'est idiot de penser que 68 a eu lieu parce qu'il y avait pression de quelque chose... pression des masses, quelle blague! pression de rien du tout... Il y a eu un échafaudage sémiotique d'une grande rareté qui a déclenché une réaction en chaîne extraordinaire. Mais aucune image énergétique, thermodynamicienne ne permet de rendre compte de ça. Coluche, c'est pareil, c'est un tirage exceptionnel. Dans les deux cas, de 68 et de Coluche, l'effet a implosé, les composants se sont dissociés, puis en réaction, tout le contexte s'est organisé pour se prémunir contre le retour d'un pareil truc. Actuellement, on essaie d'établir une conjonction : « Alternative 86 », entre les Verts, l'extrême gauche, les alternatifs, etc. Il faudrait trouver un sigle miracle, un trait, une astuce pour conjurer les maladies groupusculaires, la méfiance, toute une tradition d'échec. Il y a en France 10 à 12 % des gens qui ne veulent plus du système politique actuel, qui ne veulent plus de la bande des quatre, maintenant la bande des cinq, qui aspirent à instaurer un autre mode de démocratie locale, un autre mode de concertation, un autre mode d'articulation entre la vie quotidienne, les problèmes syndicaux, les problèmes du tiers monde, les problèmes de l'environnement et, enfin, qui voudraient qu'on arrive à dégager de grandes perspectives pour transformer la planète...

BUTEL. J'ai toujours fait l'éloge de ce qu'on appelle la majorité silencieuse. Je crois qu'on est à égalité de chances, avec le pouvoir, pour toucher cette majorité silencieuse; c'est-à-dire que De Gaulle peut la toucher, et Coluche peut l'aiguillonner... ce qui fait en ce moment le succès de Duras, se dire : on est super sophistiqué, on est super littéraire, incroyablement complexe, hors d'atteinte de l'intelligence commune, et on est tout à fait dans le populaire. Je suis persuadé que, pour Coluche, il y a des gens de la très grande bourgeoisie qui étaient totalement d'accord, des gaullistes de tradition, des diplomates que plus rien n'amusait... et, en plus, le choc des cultures, le choc de la grossièreté. De Gaulle aussi était grossier, et ça plaisait... J'ai l'impression qu'on sait qu'il y a un énorme tunnel de non-sens. C'est comme dans un conte d'enfant, qui m'a beaucoup marqué : toute une série d'épreuves et puis, à un moment, on ouvre une porte, là, deux cents crocodiles qui dorment et qui séparent l'enfant de la porte d'après; il marche sur le premier crocodile et, à cet instant, celui qui est à l'autre bout ouvre un œil... Tu dis : il faut arriver à trouver le catalyseur. Moi, je dirais : il faut arriver à trouver l'espèce de tunnel incroyable qui met tout le monde mal à l'aise en même temps. Il faut trouver ce passage par l'obscène, dans le noir, quand on arrive de l'autre côté, quand la lumière se rallumera, il y aura des inconnus près de nous...

Alors, je me demande s'il ne faut pas aller très

loin. Si Alternative 86 tombait juste, je suis sûr qu'il y aurait des gaullistes...

GUATTARI. Des gens de l'école libre.

BUTEL. Il y a une géographie absolument nouvelle qui se met en place. Mais le malheur c'est que, si elle est dite à haute voix, les gens s'en vont de la pièce : Krivine dit : « Écoutez, je reviendrai dans cinq ans... » et si tu dis aux Verts : « Il y a beaucoup de gens que je connais, ils sont très sympas, mais ils sont dans le nucléaire », ils te diront : « ciao »...

GUATTARI. Il y en a au P.S., au C.E.R.E.S., il y en a qui sont radicaux de gauche, oui, bien sûr...

BUTEL. Alors, justement, quel est le facteur d'entraînement, si ça échappe au programmatique?

GUATTARI. Si ça échappe au programmatique, c'est que ça fabrique ce que j'appelle une endo-référence et que ça entraîne une production de subjectivité avant que cette subjectivité ait conscience d'elle-même. C'est ce qu'on a vécu en 68 : une subjectivité en train de se faire avant qu'on ait eu le temps de réaliser quoi que ce soit.

J'aime bien cette image de la bête assoupie... une masse est totalement assoupie, totalement infantilisée par les médias. Mais quand il y a émergence d'une singularité qui la réveille, elle se transforme en un milieu hautement réceptif. Et les politiciens, les intellectuels, sont les derniers à accéder à cette réceptivité. Ces traits de singularité, cet arbitraire de signes, de sons, est immédiatement perçu, reçu comme quelque chose qui est en train de produire une autre subjectivité, dont elle est particulièrement friande parce que, elle, elle s'emmerde, simplement... C'est comme ça que le rock commence à faire de sérieux ravages en U.R.S.S. ou en Chine!

BUTEL. Moi je crois que cette attente fantastique chez les gens est la même en politique et en art...

L'attente... on se moque toujours des foules en délire, des foules qui attendent... En Mai 68 tout le monde attendait; mais je trouve ordurier de se moquer lorsqu'il y a un désir extraordinaire. Par exemple, Godard, pourquoi les gens restent à l'écouter?

Il y a une attente extatique... il y a une qualité d'attention, d'attente pareille envers Godard ou ce que dit tel ou tel philosophe et les Rolling Stones; parce que ce qui est consommé, ce n'est pas de l'art, c'est une mise en question politique incroyable... L'attention qui est portée à la pensée et à l'art, je suis persuadé que, d'une certaine façon, elle excède les possibilités actuelles de la pensée ou de l'art. On en demande trop. Parce qu'il y a une déception fantastique sur le plan politique, sur le plan de tout ce qui est la trame de la vie. Par exemple, rien n'est du moindre secours pour ce qui est relations familiales, sentimentales, sexuelles, etc. On ne peut jamais appeler au secours une institution quelle qu'elle soit, une organisation politique, plus personne n'y croit, il n'y a plus rien... les analystes sont discrédités... mais j'ai entendu des gens me parler de Deleuze ou de Foucault d'une façon qui était tout à fait anormale... tu te dis : « Qu'est-ce qu'ils en attendent? » Ils en attendent une solution politique... Il ne risque plus d'y avoir une solution politique qui ne soit sentimentale, qui ne soit liée à l'art. Je ne crois pas qu'en Occident on puisse combler l'attente... c'est ça, faire de la politique : il ne faut pas être dans la demande normale, dans la demande antécédente ; il faut répondre à un investissement qui est d'une nature effrayante... il ne faut pas être la Ligue Communiste ou les Verts, ils sont tellement attendus que plus personne ne les attend, il faut quelque chose de magique. Et ça, en Occident... c'est aussi une telle demande d'être heureux physiquement, une telle sensualité non satisfaite. Il faudrait une espèce d'euphorie, de certitude que c'est vivable, je crois que ça sera lié à quelque chose d'esthétique, de l'ordre de la beauté. Il n'y a plus aucune chance pour la politique, plus aucune chance... en dehors de la beauté.

GUATTARI. La crise est aussi liée à la dévastation des anciens secteurs de production. 20 millions de chômeurs en Europe ou plus, mais en réalité, des centaines de millions sur la planète. Ceux du tiers monde ne sont même pas enregistrés, ce ne sont même pas des chômeurs ? Le problème ne se pose même pas de savoir s'ils pourraient travailler ; ils n'existent pas, ils ne sont pas enregistrés sur les grilles économiques.

Les économies du tiers monde sont dévastées, une grande partie de celles des pays développés l'est aussi. Qu'est-ce qu'il faut faire... ? Seule la production d'un nouveau type de rapports sociaux sera capable de reconstituer des territoires collectifs viables. Ce n'est pas du tout un problème marginal, utopique, etc. Ça m'étonne que ça ne saute pas aux yeux... Mitterrand est là depuis quatre ans, mais qu'est-ce qu'il a fait, je ne dis pas pour résoudre ces questions, mais déjà pour y penser, pour en parler ?

Qu'est-ce qu'on fait sur la planète, quand on est

96

Éthiopien ? On se pose des problèmes sur l'éducation, très bien... ce crétin de Chevènement proclame que les enfants doivent apprendre *La Marseillaise*... l'éducation civique... C'est ça le ministère de l'Éducation nationale du Gouvernement socialiste !

Butel. Il y a une façon d'empêcher l'étonnement c'est l'humour. Ça m'avait frappé dans *Libé*, le traitement des faits divers... Tout ce qui est minoritaire est traité comme minoritaire et devant à tout jamais le rester, sous la forme justement de l'humour. La pauvreté, elle a encore plus mauvaise presse : et finalement, tout est risible. Ce ne sont pas les incidents qui sont risibles, c'est le fait d'être minoritaire. De toute façon, vous êtes minoritaires... Vous êtes afghans... Et puis après on se marre sur les chômeurs qui se suicident... Il y a une espèce d'ironie, qu'on ne remarque pas, qu'on ne remarque même plus dans le texte parce qu'on est fatigué. Il y a une ironie qui intime : laissez faire les pros, de toute façon ça ne changera pas... Le jour venu, on vous dira s'il vaut mieux Barre ou Chirac – parce qu'ils ne parlent même plus de la gauche, c'est : qui est le moins salaud à droite... Autant l'humour est quelque chose de salvateur dans une perspective de survie, autant ici c'est la censure qui règne grâce à lui.

Comme je me disais qu'il faut faire un mouvement contre la modernité, je me dis qu'il faudrait faire un mouvement pour dire : « Ce fait divers-là, je regrette, c'est sérieux... » Duras me racontait qu'elle avait rencontré Badinter... Une histoire qui s'est passée il y a un an et demi : des employés coupent l'eau à un couple avec deux enfants ; la femme va au bistrot pour demander de l'eau, personne n'a voulu lui en donner, ni le patron ni les consommateurs. Elle rentre, prend un môme, son mari prend l'autre et ils vont se coucher sur les rails du T.G.V. : quatre morts... Ce que je trouve admirable, de sa part, à Duras, c'est qu'elle est allée voir Badinter; elle lui a dit : « Pour moi, il y a un devoir de désobéissance civile... Vous n'allez pas me dire que les Allemands, à l'époque du nazisme, auraient dû désobéir et qu'il n'y a pas ici une loi plus forte que la loi... Les employés qui viennent couper l'eau, ils ont un devoir de désobéissance civile; il faut refaire le Code, et il faut l'admettre. » Ce que je trouve une idée tout à fait subversive, et magnifique. Je me dis qu'il faudrait qu'on lance une campagne là-dessus, plein de gens auraient des choses à dire... et c'est très important, politiquement, de dire : « Là, c'est sérieux. » Justement, dire tout d'un coup : prenons les choses au sérieux.

*
* *

GUATTARI. Si on se dit : mais qu'est-ce qu'il fait celui-là? Qu'est-ce que c'est cet éclectisme : psychanalyse, philo, politique, tout ça... Si je lis cette interrogation dans certains regards agacés, voici ce que j'ai envie de répondre, en partant de ce qu'a été toute ma vie.

Quand j'étais enfant, j'étais, si je puis dire, en morceaux, un peu schizo sur les bords, en vérité. Donc j'ai passé des années et des années à essayer de me recoller. Seulement, mon truc, en me recollant, c'est que j'entraînais des bouts de réalités différentes.

J'ai vécu dans une sorte de rêve mon rapport à ma

famille – une petite bourgeoisie pas très méchante, mais quand même... – mes études très solitaires, mis à part les phénomènes de bande, cassés par l'autorité. Et puis je me suis intéressé à la poésie, à la philosophie, je me suis investi dans des activités sociales et politique. J'ai changé souvent de style, de préoccupations, de personnage. À ce point que, dans ma famille, on m'appelait Pierre et Félix dans mes autres mondes.

J'ai fini – j'ai fini, c'est beaucoup dire, j'ai commencé à me recoller un peu seulement vers la quarantaine, par un travail avec un ami qui a eu la capacité de prendre en compte toutes mes dimensions.

Aussi jeune qu'il m'en souvienne, j'ai toujours eu la préoccupation d'articuler ces niveaux différents qui me fascinaient : philosophie des sciences, logique, biologie, premiers travaux cybernétiques, militantisme. Avec, par-dessus le marché, une autre dimension, qui me sautait littéralement à la gorge : des crises d'angoisse affreuses, un sentiment de perdition existentielle irrémédiable.

Et puis j'ai eu des coups de chance, j'ai fait des rencontres heureuses. Celle de Jean Oury, qui m'a fait me fixer sur un lieu de travail et de vie, dans la clinique de La Borde, expérience innovatrice au carrefour de la psychiatrie et de la psychanalyse. Celle de Lacan qui, durant les premières années où je l'ai connu, a eu avec moi un rapport attentif et même amical. Jusqu'au jour où ça s'est gâté, en particulier avec l'irruption de ce personnage que j'aime mieux ne pas qualifier, Jacques Alain Miller, et de son groupe de la rue d'Ulm, qui ont établi une sorte de symbiose monstrueuse entre le maoïsme et le lacanisme.

Beaucoup de chance donc, qui m'a épargné toutes sortes de voies de garage. La névrose d'abord, ou la psychose, peut-être. La professionnalisation psy., dont tant de types intelligents ne se sont jamais remis. La voie militante ensuite. Et enfin, ça peut paraître bizarre, la banlieue : cet univers de mon enfance, que j'adore, mais qui est souvent, tout de même, culturellement, une voie de garage.

Ça c'est le premier niveau descriptif. L'autre, relève d'un choix. Toute une conception de la culture, et pas seulement de la culture bourgeoise, implique d'assumer une sorte de castration à l'égard des rêves fous de l'enfance et de l'adolescence, et d'accepter de se limiter à un champ de compétences pour le développer au maximum. Je comprends tout ça très bien; mais ce n'est pas pour moi. À tel point que j'en suis venu à me définir comme le spécialiste, suivant un terme que j'ai forgé, de la transversalité, c'est-à-dire des éléments inconscients qui travaillent secrètement des spécialités quelquefois très hétérogènes.

Actuellement, par exemple, je passe beaucoup de mon temps avec des écologistes, des alternatifs, des P.S.U., d'anciens maos et je ne sais qui encore, pour essayer de faire un regroupement en vue des élections de 1986. Et puis je continue mes histoires de schizo-analyse. Et, dans l'intervalle, je voyage quand même beaucoup.

Un type normalement constitué ne résisterait pas à cette sorte d'entreprise de désorganisation systématique. Pourtant, je la revendique. Pour moi, pas pour les autres! Pour la raison que je ne peux valider une idée – plus qu'une idée, ce que j'appelle une machine concrète – qu'à la condition qu'elle puisse traverser des ordres différents. Mes idées sur la psychanalyse ne m'intéressent pas si elles ne me servent pas à comprendre quelle sorte de merde on rencontre, non seulement dans sa vie personnelle, mais aussi dans les institutions et les groupuscules, je veux dire dans les relations de pouvoir et tous ces machins-là.

Et, à l'inverse, je considère que, si l'on n'est pas capable d'appréhender les difficultés personnelles de quelqu'un à la lumière de ses investissements sociaux, et de la subjectivité collective à laquelle il participe, ça ne peut pas marcher.

Autrement dit, mon problème, c'est d'extraire des éléments d'un domaine pour les transférer dans d'autres champs d'application. Avec le risque, bien sûr, que ça foire neuf fois sur dix, que ça débouche sur un cafouillage théorique. Ça n'a l'air de rien, mais les transferts conceptuels, de la philo à la psychanalyse, c'est pas évident du tout. Lacan, dans ce domaine, apparaît comme une espèce de virtuose mais, en dépit des apparences, il a eu pas mal d'insuffisances au niveau philosophique et ça nous a valu une vision réductionniste de plus du domaine psychanalytique.

Sans en faire une recette, c'est un peu à partir de mon propre mode de fonctionnement que j'ai essayé d'infléchir ma pratique analytique. Pour moi, l'interprétation, ce n'est pas le maniement d'une clé signifiante qui résoudrait je ne sais quel « mathème » de l'inconscient. C'est d'abord le travail de repérage des divers systèmes de référence propres à la personne que l'on a en face de soi, avec son problème familial, conjugal, professionnel ou esthétique, peu importe! Je dis travail parce que ces systèmes sont là, devant vous, mais pas en collection ordonnée. Il leur manque ces articulations fonctionnelles que j'appelle « composantes de passage », qui font émerger soudain d'autres coordonnées d'existence et permettent de trouver une issue. Les lapsus, les actes manqués, les symptômes sont comme des oiseaux qui frappent du bec à la fenêtre. Il ne s'agit pas de les « interpréter ». Il s'agit plutôt de repérer leur trajectoire pour voir s'ils peuvent servir d'indicateurs de nouveaux univers de référence susceptibles d'acquérir une consistance suffisante pour retourner une situation.

Je prends un exemple personnel. Je considère la poésie comme l'une des composantes les plus importantes de l'existence humaine, moins comme valeur que comme élément fonctionnel. On devrait prescrire la poésie comme les vitamines : « Attention mon vieux, à votre âge, si vous ne prenez pas de poésie, ça va pas aller... » Et pourtant, aussi importante que soit la poésie pour moi, il m'arrive très rarement de lire ou d'écrire un poème. Ce n'est pas que je ne voie pas les occasions de le faire, mais elles me glissent des doigts et je me dis : là, c'est raté. La musique pareil : c'est aussi fondamental, mais, quelquefois, j'oublie pendant des semaines qu'elle existe.

C'est un peu en fonction de ça que je mène mes stratégies. Comment faire, dans tel contexte, avec tel type ou tel groupe, pour que les gens aient un rapport aussi créateur, avec la situation en question, qu'un musicien avec sa musique ou un peintre avec sa peinture. Une cure, ce serait comme de construire une œuvre d'art, sauf qu'il faudrait réinventer, par la même occasion, à chaque fois la forme d'art.

Il me faut revenir en arrière. Mon analyse chez Lacan a duré environ sept ans, et lorsque je suis devenu analyste, membre de l'École freudienne en 1969, j'ai découvert peu à peu l'autre face du mythe analytique. Je me suis retrouvé avec une trentaine de patients à mes basques et je dois avouer que j'en garde un souvenir de cauchemar. Toute cette grappe humaine avec ses sollicitations permanentes, ses problèmes agglutinés à des drames devant lesquels les bras me tombaient. Et puis, les questions d'argent, de vacances, d'embouteillages des rendez-vous... À chaque fois que je ne me prononçais pas sur quelque chose, sûr que ça devait vouloir dire que j'en savais long! Tu parles! Dans quoi je m'étais foutu? Le gourou malgré lui, thème de vaudeville. J'avais envie de hurler : mais foutez-moi donc la paix. Et un jour j'ai largué tout le monde et j'ai disparu pendant un an.

Et puis je me suis dit : c'est pas parce que j'écris des bouquins pour critiquer la psychanalyse que ça va résoudre les problèmes des types paumés. Ça vaudrait quand même le coup de sauvegarder une pratique analytique, de la refonder. J'ai donc tout repris à zéro pour en arriver à la position qui est aujourd'hui la mienne, beaucoup plus détendue, une plus grande aisance, une sorte de grâce.

Aujourd'hui, quand quelqu'un entreprend une analyse avec moi, je lui explique qu'il est primordial que ça marche. La règle, des deux côtés, c'est qu'on peut s'arrêter à tout moment. Chaque rendez-vous remet en question le suivant. Je refuse donc totalement le système du gourou condamné à réussir des exploits thérapeutiques. Ce qui m'intéresse, c'est l'agencement collectif de sémiotisation. Et c'est dans ce sens que je peux dire que ça marche, puisque si ça marche pas, ça s'arrête immédiatement...

Et l'angoisse dans tout ça, l'angoisse qui a tellement pesé sur mes années de jeunesse ? Eh bien, je m'aperçois maintenant que je la maîtrise à peu près comme les autres adultes, en usant et médusant de toutes sortes de techniques d'infantilisation encore plus puériles que celles des enfants. Les adultes sont tellement pris par leurs affaires que, plus ils s'approchent de la mort, moins ils la voient arriver. Tandis que les enfants, moins armés de tous ces systèmes de défense, entretiennent quelquefois à son égard un rapport d'extrême lucidité.

J'ai parfois cette image : je me vois en train de marcher sur une planche, au-dessus d'un gouffre absolu, et je me dis : mais qu'est-ce qui se passe, qu'est-ce que ça signifie tout ce truc-là, comment ça se fait que ça continue encore ?

Qui d'entre nous ne s'est heurté à de telles évidences ? Mais aussitôt on est happé, propulsé dans des dispositifs de comportement téléguidés, pris par les urgences, les enjeux, le jeu. Comme à la roulette ou au poker : même mort de fatigue, on continue à s'accrocher avec une vitalité surprenante.

Les hommes politiques, c'est leur infantilisme, leur puérilité qui les maintiennent en vie, et aussi qui les maintiennent dans une certaine connerie par rapport à la vie. Et il ne faut surtout pas que ça s'arrête ! Les vacances, ça peut être dangereux, ou une crise amoureuse, ou une rage de dents.

Il est évident qu'on est tous en suspension sur ce même gouffre, même si on dispose de moyens différents pour refuser de le voir. On est tous à la merci de cette stupeur qui vous prend à la gorge et vous étouffe littéralement. On est tous alors semblables à Swann, à moitié fou après sa séparation d'avec Odette, et qui fuyait comme la peste tous les mots susceptibles d'évoquer, même indirectement, son existence.

C'est pourquoi chacun reste cramponné à ses échafaudages sémiotiques; pour pouvoir continuer à marcher dans la rue, se lever, faire ce qu'on attend de lui. Sinon tout s'arrête, on a envie de se jeter la tête contre les murs. C'est pas évident d'avoir le goût de vivre, de s'engager, de s'oublier. Il y a une puissance extraordinaire de l'« à quoi bon! » C'est bien plus fort que Louis XV et son « après moi le déluge »! Est-ce que ça vaut le coup de continuer tout ça, de reprendre le legs des générations antérieures, de faire tourner la machine, d'avoir des gosses, de faire de la science, de la littérature, de l'art? Pourquoi pas crever, laisser tout en plan? C'est une question! C'est toujours à la limite de s'effondrer...

La réponse, bien sûr, est à la fois personnelle et collective. On ne peut tenir, dans la vie, que sur la vitesse acquise. La subjectivité a besoin de mouvements, de vecteurs porteurs, de rythmes, de ritournelles qui battent le temps pour l'entraîner. Les facteurs les plus singuliers, les plus personnels sont tenus de composer avec des dimensions sociales et collectives. Quelle sottise que d'imaginer une psychogénèse indépendante des déterminations contextuelles. C'est pourtant ce que font les psychologues, les psychanalystes.

Une petite recette au passage. Un type qui m'a mis sur le cul, quand j'avais vingt ans et que j'étais assez paumé, c'est Oury. À plusieurs reprises, je lui avais longuement expliqué mes crises d'angoisse, sans que ça semble beaucoup l'émouvoir. Jusqu'au jour où il m'a fait cette réponse de style zen : « Ça te prend le soir dans ton lit, avant de t'endormir ? Sur quel côté dors-tu ? Le droit ? Eh bien tu n'as qu'à te tourner de l'autre côté ! »

C'est ça, quelquefois, l'analyse : il suffit de se tourner. Il faudrait retrouver l'humilité des premiers temps de l'église et se dire : « Tant pis, ça ne fait rien. Inch Allah... » C'est un peu élémentaire ! Bien sûr, on ne peut pas dire ça n'importe comment. Il faut aussi avoir à portée de la main les pastilles sémiotiques adéquates. Précisément ces petits index qui font basculer les significations, qui leur donnent une portée a-signifiante et qui permettent, par-dessus le marché, que ça se joue dans l'humour, la surprise. Le type drogué avec un revolver dans la main et à qui tu demandes : « Vous n'auriez pas du feu ? »

Alors l'instant entre en fusion avec le monde. C'est dans ce registre qu'on retrouverait la catégorie poétique de performances, la musique de John Cage, les ruptures zen, peu importe comment on appelle ça. Mais c'est jamais acquis. Il faut apprendre à jongler. Faire des gammes. On acquiert une relative maîtrise dans certaines situations, pas dans d'autres, et puis ça change avec les âges, etc. Une des conneries majeures du mythe psychanalytique c'est de penser que, parce que tu as passé dix ans sur le divan, tu

106

es plus fort que les autres. Pas du tout, ça n'a rien à voir! Une analyse, ça devrait simplement te donner un « plus » de virtuosité, comme un pianiste, pour certaines difficultés. C'est-à-dire plus de disponibilité, plus d'humour, plus d'ouverture pour sauter d'une gamme de référence à une autre...

Donc, je disais, pour continuer à vivre, il faut se satelliser sur des orbites porteuses. Shakespeare, on ne sait rien sur lui, mais il est évident qu'il avait un environnement « porteur » : allez, c'est maintenant, il nous faut ton dernier acte, tout de suite. T'es déprimé? On en a rien à foutre, on attend...

Aujourd'hui, par rapport à ça, on est au bord d'un trou noir de l'Histoire. Tu penses quelque chose, tu penses rien, surtout si tu es en France, ça n'a aucune importance, on s'en fout, tout le monde s'en fout. Ce qui est même curieux, c'est que, plutôt que de coller à leurs intérêts les plus immédiats, il y ait encore des types qui veuillent changer la société. Le social, c'est bien connu, ça n'intéresse plus personne, la politique c'est un leurre. Sûr que ça ne va pas fort. Sûr qu'on est en train de se préparer une sacrée série noire. Parce qu'il n'est pas possible qu'il y ait une telle accumulation de connerie, de lâcheté, de mauvaise foi, de méchanceté sans que ça ait des conséquences. À un moment ou l'autre, ça va se cristalliser sur un mode héroïque, ça va pas manquer. On peut faire encore beaucoup mieux que Le Pen, vous allez voir...

Parce que, attention! si vous croyez que Le Pen n'est qu'une simple résurgence qu'un archaïsme minable, vous vous trompez lourdement! Beaucoup plus qu'un poujadisme revisité, Le Pen, c'est aussi une passion collective qui se cherche, une machine de jouissance haineuse qui fascine y compris ceux à qui elle donne envie de vomir. Se contenter de parler de néofascisme peut prêter à confusion. En effet, on pense aussitôt aux imageries du Front populaire, un oubliant que Le Pen s'est aussi nourri de tout un conservatisme de gauche, de tout un corporatisme syndical, d'un refus bestial d'assumer les questions de l'immigration, le déclassement systématique de toute une partie de la jeunesse, etc. Ce fascisme-là, il ne suffit pas de le référer au passé parce que, en fait, il se cherche vers le futur. Le Pen n'est qu'une tête chercheuse, un ballon d'essai vers d'autres formules qui risquent d'être beaucoup plus épouvantables.

On doit en prendre son parti, l'économie du désir collectif ça marche dans les deux sens : du côté des processus de transformation et de libération et du côté de volontés de pouvoir paranoïaques. De ce point de vue, il est clair que la gauche, socialiste en tête, n'a rien compris. Regardez comment ils procèdent avec le mouvement « S.O.S. Racisme », ils imaginent qu'avec leur million de badges ils ont changé quelque chose. Ils n'ont même pas pensé à demander leur avis aux principaux intéressés. Est-ce que sur le terrain de pratiques sociales, dans les quartiers, dans les usines, il y a quelque chose de changé avec cette campagne de pub ? Pour ma part je connais quelques beurs qui commencent à en avoir par-dessus la tête de ce paternalisme-fraternalisme d'un nouveau genre : « D'abord, je ne suis pas ton pote ! » Et certains ajoutent : « touche pas... à mon pot aux roses ». Les pauvres roses tellement fanées depuis

1981. Je ne nie pas les aspects positifs de cette campagne, mais comme on est loin du compte!

On vit vraiment une période où la passion de l'existence est court-circuitée par l'immersion des individus dans un réseau de rapports de dépendance de plus en plus infantilisant. Cela correspond à un certain usage des machines de production, des instruments médiatiques, des équipements de vie sociale et des institutions d'assistance. Usage qui consiste à capitaliser la subjectivité humaine pour qu'elle se discipline et se consacre à faire durer un vieil ordre social, des hiérarchies quelquefois héritées du Moyen Âge. C'est idiot, mais c'est ainsi!

Ce qu'il y a de miraculeux avec ce nouveau capitalisme, qu'on trouve aussi bien à l'Ouest qu'à l'Est, c'est qu'il en est arrivé à ce que ses valeurs, ses systèmes de sensibilité affadie, ses conceptions du monde complètement aplaties, soient intériorisés, assumés consciemment et inconsciemment par le maximum de gens. Ça crée toute cette ambiance saumâtre qui se répand un peu partout et cette remontée massive et écœurante de religiosité.

Cela étant, ces mêmes systèmes machiniques peuvent être tournés, détournés. C'est ce qui se passe quand surgit une ligne de fuite créatrice, qui peut naître à un niveau très moléculaire et faire boule de neige. On peut imaginer, n'est-ce pas, de grandes re-créations du monde!

Mais, en attendant, c'est l'entreprise d'infantilisation qui est en train de prendre d'immenses proportions. Elle est vraiment devenue l'entreprise numéro un, l'industrie de pointe. Moi, d'une manière que j'espère humoristique, je vois l'histoire de la subjec-

tivité humaine comme celle d'une formidable succession de dégringolades. Par rapport aux nôtres, les
sociétés néolithiques, c'est sûr, étaient plus riches,
extraordinairement capables de percevoir les choses
du cosmos, de la poésie. Le coup de crayon des types
de Lascaux, les inscriptions sur le corps, la danse,
fabuleux!...

Je ne suis pas en train de prêcher pour le bon
sauvage. Mais, il me semble que la cruauté des
rapports dans les sociétés dites archaïques empêchait
au moins que puisse s'étaler cette espèce de soupe
impossible et minable dans laquelle nous pataugeons,
cette perte de tout thème d'exaltation créatrice. Le
dernier grand héros, en France, c'est De Gaulle.
C'est dire! Car il ne faut vraiment pas y regarder de
trop près. Il y a un tel côté pieds plats dans le
personnage.

Et, maintenant, c'est de pire en pire. Les nouveaux
héros, c'est des gens comme Raymond Barre, des
superminables, ou Reagan, un crétin. L'empereur de
Chine assurait par ses gestes rituels la stabilité du
cosmos. S'il faisait un faux mouvement, ça déréglait
les astres. Tandis que Reagan peut bien faire toutes
les boulettes qu'il veut, dire les pires conneries, qu'il
va appuyer sur le bouton, effacer les Russes, déclencher l'Apocalypse, ça fait à peine rigoler...

Quand on détourne un instant la tête des représentations médiatiques de la politique pour regarder
ce qui se passe sur le théâtre des affects qui ne
veulent rien savoir, qui ne font que suivre les gestes,
le mouvement des lèvres, les grimaces, les disgrâces
des corps, alors on découvre que, la plupart du temps,
les champions de la liberté sont tout aussi nuls que

110

les autres, les tenants du conservatisme. Et quand cette ronde se met en marche au niveau le plus bas, « *grass root* », au ras des pâquerettes, alors on entre peut-être dans une procédure possible de validation des pratiques sociales moléculaires.

Comme un peintre qui se déprend de sa vision « à première vue » pour saisir les éléments de repérage qui constitueront la véritable trame de sa toile. C'est sombre, c'est près, c'est chaud, c'est granuleux, ça finit vers les lointains... Avec la politique, c'est pareil. Marchais, comme c'est con! Le Pen, c'est le même genre, mais en mieux travaillé, en plus fini. Mais n'est-ce pas le même frisson d'infamie, de scélératesse, comme on aurait dit à une autre époque.

Quand on les regarde, c'est le sentiment de sa propre odeur qui s'affirme. Au fond, c'est bien comme ça qu'on est; c'est comme ça qu'on se délimite. C'est bien de chez nous cette connerie-là. Avec leurs bérets ou leurs casquettes, leurs pieds sales, on s'aperçoit qu'ils nous collent à la peau. Où est-ce que tu vas chercher que ces gens-là voudraient des fours cré-matoires? C'est beaucoup trop wagnérien pour eux! Non, ils souhaitent simplement nettoyer les allées de leurs jardinets. Qu'on leur donne un pécule aux immigrés et qu'ils foutent le camp! Qu'ils aillent crever ailleurs, c'est pas notre problème! Le tiers monde, la famine, ça ne nous concerne pas! Le tiers monde, la famine, toutes ces photos de gosses, comme des poupées de cire, finalement c'est de la propagande; ça nous dérange, alors qu'on n'a pas le temps pour ça, c'est déjà assez compliqué pour nous, pas vrai?

Voilà le « théâtre de la cruauté » sur lequel nous devrions appréhender tout ce qu'il y a de minable,

111

là, devant nous, et aussi tout alentour et même dedans. C'est à travers la cartographie de ce genre de formations subjectives qu'on peut espérer se démarquer des investissements libidinaux dominants.

J'ai été très frappé par le retournement d'images intervenu avec la montée de Fabius. Il est vrai que le bon élève, le premier de la classe, le technocrate et le grand bourgeois étaient déjà très haut à la bourse des sondages. Giscard aussi était pas mal, dans ce genre-là! Mais, avec son côté aristo, il exagérait un peu. Sans parler de sa bonne femme! Rocard, oui, évidemment, seulement sa gouaille commence à dater un peu. Fabius, comme il n'a pas grand-chose à dire, il n'en fait pas trop! Ça rassure! Simone Weil, voilà quelqu'un qui aurait pu faire merveille. Mais elle est juive, alors c'est un peu compliqué. Et puis, elle n'aurait pas dû se commettre avec Chirac...

Et pourtant, parallèlement à cet appauvrissement continu des individus en tant que producteurs de subjectivité singulière, on assiste à une expansion absolument fabuleuse des phylums machiniques, c'est-à-dire à tous ces processus de sélection, d'élimination, d'engendrement des machines les unes à travers les autres, et qui ne cesse de faire émerger de nouvelles potentialités aussi bien scientifiques, techniques qu'artistiques. D'un côté, donc, il y a infantilisation des productions de subjectivité, avec binarisation renforcée des messages, uniformisation, unidimensionnalisation des rapports au monde et, de l'autre, expansion des autres fonctions, non dénotatives, du langage : compositions de rythmes, mise en scène inédite de rapports au monde.

Depuis toujours, je suis agacé par le moulinage du

thème de la science sans conscience : « Qu'est-ce que ce serait bien si on arrivait à mettre un petit supplément d'âme dans la science et la technique » et tout ça... Connerie, puisque c'est à partir de cette même subjectivité qui va dans le sens d'une dégénérescence irréversible, accélérée, que les système machiniques sont quand même parvenus à prendre leur essor. Et puis, n'est-ce pas un peu idiot d'espérer améliorer cette espèce humaine, qui est une des plus vulgaires, méchantes, agressives qui soit ? Moi, les machines ne me font pas peur dès lors qu'elles élargissent la perception et démultiplient les comportements humains. Ce qui m'inquiète, c'est quand on essaye de les ramener au niveau de la bêtise humaine.

Je ne suis pas un postmoderne. Je ne pense pas que les progrès scientifiques et technologiques doivent nécessairement s'accompagner d'une schize renforcée par rapport aux valeurs de désir, de création. Je pense, au contraire, qu'il faut utiliser les machines, toutes les machines, concrètes et abstraites, techniques, scientifiques, artistiques, pour faire beaucoup plus que révolutionner le monde, pour le recréer de bout en bout.

Ce n'est pas vrai ce que disent les structuralistes : ce ne sont pas les faits de langage ni même de communication qui engendrent la subjectivité. À un certain niveau, elle est collectivement manufacturée à la façon de l'énergie, l'électricité ou l'aluminium. Un individu résulte, bien sûr, d'un métabolisme biologique auquel participe son père et sa mère. Mais on ne peut pas s'en tenir là, car, en réalité, sa production dépend aussi également de l'industrie biologique et même de l'ingénierie génétique. Et on voit bien que si celles-ci n'étaient pas lancées dans une course permanente pour répondre aux vagues virales qui traversent régulièrement la planète, la vie humaine serait vite liquidée. L'expansion du S.I.D.A., par exemple, conduit à une sorte de chasse au trésor d'une portée immense, à une épreuve de vitesse pour trouver la réponse adéquate. Désormais, la production industrielle des réponses immunitaires fait partie du maintien de la vie humaine sur cette planète.

La subjectivité, c'est pareil; elle est de plus en plus manufacturée à l'échelle mondiale. Ce qui ne veut pas seulement dire que les représentations, les modèles de socialité, de hiérarchie sociale tendent vers une unification générale. Car sa fabrication concerne également des modèles très différenciés de soumission aux processus productifs, des rapports particuliers aux abstractions d'ordre économique, par exemple.

Et ça va même beaucoup plus loin : dès leur plus jeune âge, l'esprit, la sensibilité, les comportements et les fantasmes des enfants sont confectionnés de façon à les rendre compatibles avec les processus de la vie sociale et productive. Pas seulement, j'y insiste, au niveau des représentations et des affects : un bébé de six mois placé devant la télé structure sa perception, à ce stade de son développement, en fixant ses yeux sur l'écran de télévision. La concentration de son attention sur un certain type d'objet, ça fait aussi partie de la production de sa subjectivité.

On sort donc ici du simple domaine des idéologies, des soumissions idéologiques. La subjectivité dont il est ici question n'a rien à faire avec la thématique des appareils idéologiques d'Althusser, car c'est bien dans son entier qu'elle est produite et, tout particulièrement, ses composantes mettant en jeu ce que j'appelle les éléments a-signifiants, sur lesquels sont étayés les rapports au temps, aux rythmes, à l'espace, au corps, aux couleurs, à la sexualité...

À partir de là, toutes sortes d'attitudes sont possibles. Celle, par exemple, qu'on a bien connue après 1968, pétrie de nostalgie et de passéisme, avec les thèmes de Illitch sur le retour à des unités de production plus petites, la convivialité, etc. Ou celle des néo-libéraux américains, Milton Friedman et compagnie, qui se sont très cyniquement démarqués de ces positions en déclarant : vous pouvez raconter tout ce que vous voulez, de toute façon, les transformations capitalistiques sont irréversibles. Il est vrai que le capitalisme fait des ravages partout dans le monde mais, compte tenu de la pression démographique, sans lui, ils seraient dix fois plus importants...

Ces types sont sûrement des salauds, mais il est vrai qu'on ne peut indéfiniment rester accroché au passé! Je suis tout à fait partisan, bien sûr, de la défense de l'environnement, ce n'est pas la question! Seulement, il faut bien admettre que l'expansion technico-scientifique a un caractère irréversible. Toute la question consiste à opérer les révolutions molé-culaires et molaires susceptibles d'en infléchir radi-calement les finalités, car, il faut le répéter, cette mutation ne va pas obligatoirement dans le sens catastrophique déjà amorcé. Le caractère de plus en plus artificiel des processus de production subjective pourrait très bien être associé à de nouvelles formes de socialité et de création. C'est là que se situe ce curseur des révolutions moléculaires sur lesquelles je reviens sans cesse, au risque de casser les oreilles de mes amis.

Toute cette affaire de reconstitution de références cartographique de la subjectivité individuelle et collective ne regarde donc pas seulement les psychologues, les analystes, les éducateurs, les gens des médias ou de la pub et je ne sais qui encore. Elle engage des problèmes politiques fondamentaux, encore plus pressants aujourd'hui qu'il y a vingt ans. Mais on reste, à cet égard, dans le brouillard. La lucidité, toute la critique sociale qui ont marqué la période de la « nouvelle culture » semblent s'être complètement effondrées. Seules comptent, désormais, les valeurs de compétition dans la culture, le sport, les affaires, la politique.

Je suis peut-être un naïf, un indécrotable optimiste, mais j'ai la conviction qu'un jour il y aura un retournement de jugement collectif et qu'on jugera ces dernières années comme ayant été les plus stupides et les plus barbares depuis bien longtemps! Barbarie dans la tête, dans les représentations, mais aussi dans la réalité. Si l'on examine objectivement ce qui se passe dans le tiers monde, dans l'environnement, c'est vraiment monstrueux! Pourtant, on continue de considérer les choses avec le regard serein d'Ockrent, de Montant, de July ou de Pivot. On ne veut pas trop savoir. Ça va mal, mais ça avance quand même, ça progresse. Il suffit d'attendre : ça finira par s'arranger!

La question qui me paraît décisive, c'est justement de ne pas laisser filer les choses, c'est de refonder, de toute urgence, une *pratique sociale*. Une pratique – un militantisme, même si ça fait rigoler ou grincer les dents – qui ne soit plus du tout cloisonnée, spécialisée, mais qui établisse un continuum entre les questions politiques, sociales, économiques, les transformations technico-scientifiques, la création artistique, etc., et une gestion des problèmes de vie quotidienne, une recomposition de l'existence singulière. Dans une telle perspective, on pourrait repenser la crise comme dérèglement de la sémiotisation sociale. Il est évident que les mécanismes de gestion sémiotique et institutionnelle des flux de production et de circulation correspondent de moins en moins à l'évolution des forces productives et des investissements collectifs. Même les économistes les plus bornés découvrent avec stupéfaction une sorte de folie de ces systèmes et ressentent l'urgence de solutions de rechange.

Mais quoi? il ne saurait y avoir de réponse si on se limite à l'analyse de ce niveau de dérégulation. Car ce qui empêche l'élaboration d'alternatives possible – cette vieille idée d'un « nouvel ordre international » – ce n'est pas seulement l'« égoïsme des oligarchies » – même s'il est réel – ni même leur connerie congénitale. C'est qu'on se heurte à un autre phénomène, justement lié à cette mondialisation de la production de subjectivité et son intégration de plus en plus poussée de toutes les fonctions humaines et machiniques, ce que j'ai appelé le Capitalisme mondial intégré (C.M.I.).

Prenons le cas de l'Iran. Cet ancien pays du tiers monde avait les moyens d'un décollage économique fabuleux, d'une insertion de premier ordre dans les relations internationales. Là-dessus s'est produite une mutation de la subjectivité collective qui a fait basculer complètement le système et l'a plongé dans une situation à la fois révolutionnaire et réactionnaire très complexe, avec retour au fondamentalisme chiite et à ses valeurs archaïques redoutables. Ce qui a primé, là, ce n'est pas l'intérêt des ouvriers, des paysans, des intellectuels. C'est la passion qui s'est emparée d'une grande partie du peuple iranien. Cette passion qui l'a conduit à choisir d'exister à travers un leader charismatique, à travers une démarcation religieuse et ethnique qui confine à l'orgasme collectif.

Tous les systèmes politiques se heurtent aujourd'hui, à des degrés divers à des questions d'identité subjective. C'est ce qui donne quelquefois un tour absolument affolant aux relations internationales. Elles dépendent en fait moins de l'opposition Est-Ouest, de la course aux armements, etc. que de ce genre de questions, qui semblent aberrantes, tournant autour du problème palestinien, irlandais, des revendications nationalitaires des Basques, des Polonais ou des Afghans. Mais, à travers elles, s'exprime l'exigence des collectivités humaines de se réapproprier leur propre vie, leur propre destin par ce que j'appelle un processus de singularisation. Cet essor des subjectivités dissidentes, pour être apprécié à sa juste valeur, appelle une nouvelle théorie des archaïsmes. Juste une remarque à ce propos. Reprenons la question au plus bas de l'échelle : une régression infantile, dans le comportement individuel, est-ce que ça veut dire que le bonhomme à qui ça arrive retourne en enfance ? Non, ce qui est en jeu, c'est plutôt une utilisation différente d'éléments pré-existants, de comportement ou de représentation pour construire *une autre* surface de vie ou un autre espace affectif, pour disposer d'un autre territoire existentiel ? Quand les Basques, les Irlandais, les Corses, ou qui que ce soit d'autre, luttent pour reconstituer leur patrie, ils sont convaincus de défendre quelque chose qui s'inscrit dans une tradition, ils croient s'appuyer sur une légitimité historique. Moi je pense plutôt qu'ils reconvertissent des représentations, des monuments, des emblèmes historiques pour se fabriquer une nouvelle subjectivité collective. Certes, leur lutte est facilitée par la subsistance de ces éléments traditionnels, à tel point que ça peut les conduire à des passions xénophobes! Mais, en réalité, ils en sont à peu près au même niveau que les gens de Longwy ou de Seine-et-Oise qui aspirent, eux aussi, à se reconstituer une envie collective de vivre.

Tout le monde n'a pas la chance ou la malchance d'être irlandais, basque ou corse, mais le problème est similaire : il s'agit de réinventer des coordonnées existentielles et des territoires acceptables de socialité. Alors faut-il lancer un front de libération de la Seine-et-Oise, comme Godard dans *Week-End,* une nouvelle Picardie ou un nouveau territoire de Belfort et autant de Disneyland dans les bassins sidérurgiques... Qu'est-ce qui peut encore pousser dans notre Sahel industriel? Je dis, de nouveaux territoires de référence. Mais pas seulement dans la tête, aussi dans la vie de travail, dans la possibilité de se débrouiller à travers les rouages économiques et sociaux. Un territoire c'est l'ensemble des projets ou des représentations sur lesquels vont déboucher pragmatiquement toute une série de comportements, d'investissements, dans les temps et dans les espaces sociaux, culturels, esthétiques, cognitifs.

Comment arriver à produire massivement une envie

de créer, une générosité collective, avec la ténacité, l'intelligence et la sensibilité qu'on connaît dans les arts et les sciences. Si tu veux inventer de nouvelles molécules de chimie organique, créer de nouvelles musiques, ça ne va pas de soi, ça ne tombe pas du ciel : tu dois travailler, rechercher, expérimenter... La société, c'est pareil! On ne peut s'en remettre à la pluie et au beau temps capitalistes, pas plus qu'aux déterminismes marxistes ou au spontanéisme anarchiste : les anciennes références sont mortes. Tant mieux! Il faut en inventer d'autres. Dans les conditions d'aujourd'hui, qui ne sont plus celles du XIXᵉ siècle, avec six ou sept milliards d'habitants sur la terre et toute la révolution technico-scientifique, comment pourrait-on ordonner les rapports humains sans pour autant renforcer les hiérarchies, les ségrégations, le racisme, le laminage des particularismes? Comment déclencher une passion collective d'invention, de prolifération machinique – comme ça semble être le cas au Japon – sans écraser les gens sous des disciplines infernales. Je sais qu'il existe, dans ce pays, des minorités opprimées, que les femmes continuent d'y être traitées comme des inférieures, que les enfants souffrent souvent le martyre. Mais il est vrai que le cocktail d'hypermodernisme – le courant *high-tech* – et la réactualisation des archaïsmes qui s'y trouve réalisé est assez fascinant! On n'a peut-être pas assez prêté attention aux analyses d'un théoricien comme Akira Asada, à savoir que le capitalisme japonais ne fonctionne pas du tout sur les mêmes bases que l'occidental. Les oligarchies n'y ont pas les mêmes prérogatives, les classes n'y sont pas délimitées de la même façon, le contrat de travail n'est pas vécu de la même manière...

Tout ça pour dire qu'on peut imaginer d'autres formules d'organisation de la vie sociale, du travail, de la culture. Les modèles d'économie politique ne sont pas universels. On peut les infléchir, en inventer d'autres. C'est la vie, le désir collectif qui sont à la base de tout ça.

II
MOLÉCULAIRE

1977 – LES TEMPS MACHINIQUES
ET LA QUESTION DE L'INCONSCIENT

Les comportements individuels et collectifs sont régis par de multiples facteurs. Certains sont d'ordre rationnel – ou paraissent tels –, ce sont, par exemple, ceux que l'on peut traiter en termes de rapport de force ou de rapports économiques. D'autres, au contraire, paraissent dépendre principalement de motivations passionnelles, dont il est difficile de déchiffrer les finalités et qui peuvent même parfois conduire les individus et les groupes concernés à agir à l'encontre de leurs intérêts manifestes.

Il y a bien des façons d'aborder cet « envers » de la rationalité humaine. On peut nier le problème ou chercher à le rabattre sur le domaine de la logique habituelle, de la normalité et de la bonne adaptation sociale. On considérera alors que le monde des désirs et des passions ne se ramène, en fin de compte, qu'à un brouillage de la connaissance objective, à un bruit, au sens où la théorie de l'information emploie ce terme. Dans cette perspective, il ne reste plus qu'à tenter de corriger de tels défauts, de manière à faire retour aux normes dominantes. On peut également considérer que ces comportements relèvent d'une logique différente, qui mérite d'être étudiée comme telle. Plutôt que de les abandonner à leur irrationalité apparente, on les traitera alors comme une sorte de matière première, de minerai dont il est possible d'extraire des éléments essentiels à la vie de l'humanité, tout spécialement à sa vie de désir et à ses potentialités créatrices.

C'est à cette dernière tâche que, selon Freud, la psychanalyse devait être consacrée. Mais jusqu'à quel point a-t-elle rempli son objectif? Est-elle réellement devenue une nouvelle « chimie » du psychisme inconscient ou bien n'est-elle restée qu'une sorte d'« alchimie » dont les mystères se sont éventés avec le temps et dont les simplifications, le « réductionnisme » sont de plus en plus mal tolérés (qu'ils soient le fait de ses courants orthodoxes ou de ses rameaux structuralistes).

Après de longues années de formation et de pratique, j'en suis venu à la conclusion que la psychanalyse devait radicalement réformer ses méthodes et ses références théoriques, faute de quoi elle serait condamnée à perdre toute crédibilité, ce qui, je le souligne, me paraîtrait préjudiciable à plusieurs titres. En fait, il m'importerait peu que les sociétés, les écoles psychanalytiques et la profession même de psychanalyste disparaissent si, toutefois, l'analyse de l'inconscient réaffirmait sa légitimité et renouvelait ses modalités théoriques et pratiques.

C'est tout d'abord la conception même de l'inconscient qui me paraît devoir être révisée. Aujourd'hui, l'inconscient est censé faire partie du bagage minimal de tout un chacun. Son existence ne paraît faire de doute à personne. On en parle comme de la mémoire ou de la volonté, sans trop s'interroger sur ce dont il s'agit en réalité. L'inconscient, cela doit être quelque chose qui loge derrière la tête, une sorte de boîte noire où s'entassent les secrets intimes, les sentiments troubles, les arrière-pensées louches. En tout cas, quelque chose qui doit être manié avec précaution.

Certes, les psychanalystes de profession ne se contentent pas d'une approche aussi vague. Explorateurs ou gardiens d'un domaine qu'ils considèrent être le leur, jaloux de leurs prérogatives, ils estiment qu'on ne saurait accéder au monde de l'inconscient qu'à la suite d'une longue et coûteuse préparation, d'une sorte d'ascèse étroitement contrôlée. Pour être réussie, l'analyse didactique, comme l'analyse ordinaire, demande beaucoup de temps et requiert la mise en place d'un dispositif très particulier (rapport de transfert entre l'analyste et l'analysé, guidage de l'anamnèse, exploration des identifications et des fantasmes, levée de résistances par l'interprétation, etc.).

Cet inconscient, qui est censé loger au cœur de chaque individu et auquel on se réfère cependant à propos des domaines les plus divers – les névroses, les psychoses, la vie quotidienne, l'art, la vie sociale, etc., serait donc essentiellement une affaire de spécialistes. Quoi d'étonnant à cela? De nos jours, tant de choses qui, naguère, paraissaient devoir appartenir pour l'éternité au domaine commun sont en train de tomber sous la coupe de nouvelles branches industrielles et commerciales : l'eau, l'air, l'énergie, l'art... Alors, pourquoi pas les fantasmes et le désir?

C'est d'un inconscient d'une tout autre nature qu'il

s'agira ici. Pas d'un inconscient de spécialistes, mais d'un domaine auquel chacun peut avoir accès sans inquiétude et sans préparation particulière, d'un territoire ouvert de tous côtés aux interactions sociales et économiques, en prise directe sur les grands courants de l'histoire, et donc pas exclusivement axé sur les querelles de famille des héros tragiques de l'Antiquité grecque. Cet inconscient, que j'ai appelé « schizo-analytique » par opposition à l'inconscient psychanalytique, s'inspire plus du « modèle » de la psychose que de celui des névroses, à partir duquel s'est construite la psychanalyse. Je le qualifierai également de « machinique », parce qu'il n'est pas essentiellement centré sur la subjectivité humaine et qu'il met en jeu les flux matériels et les systèmes sociaux les plus divers. Les anciens territoires du Moi, de la famille, de la profession, de la religion, de l'ethnie, etc. ont été défaits les uns après les autres, ont été déterritorialisés. Rien ne va plus de soi dans le registre du désir. Cela tient à ce que l'inconscient moderne est constamment manipulé par les mass media, les équipements collectifs et leurs cohortes de techniciens. Aussi ne devrait-on plus se contenter de le définir simplement en termes d'entité intrapsychique, comme le faisait Freud à l'époque où il élaborait ses différentes topiques. Serait-il suffisant de dire que l'inconscient machinique est plus impersonnel ou archétypique que l'inconscient traditionnel ? Certes non, puisque sa « mission » est justement de cerner d'autant plus étroitement les singularités individuelles qu'il s'accroche plus étroitement aux rapports sociaux et aux réalités historiques des « temps machiniques ». Simplement, les problématiques dont il est le siège

128

ne relèvent plus exclusivement du domaine de la psychologie. Elles engagent les choix de société et les choix de désir les plus fondamentaux, un « comment vivre » au sein d'un monde traversé en tous sens par des systèmes machiniques expropriant les processus de singularisation et les rabattant sur des territorialités standardisées, tant réelles qu'imaginaires.

Relevons au passage que le modèle d'inconscient évoque ici ne s'oppose pas terme à terme à l'ancien modèle psychanalytique. Il reprend certains de ses éléments ou, du moins, les reconstitue à titre de variantes, de cas de figure. De fait, il existe bien une formule d'inconscient circonscrit sur un espace intrapsychique « familialisé », sur lequel se nouent certains des matériaux mentaux élaborés lors des premières phases de la vie psychique. On ne peut méconnaître l'existence d'un tel enclos des désirs interdits, sorte de principauté secrète, d'État dans l'État, qui cherche à imposer sa loi sur l'ensemble du psychisme et des comportements. Cette formule d'inconscient privé, personnologique et œdipien, a pris d'ailleurs une importance de premier plan dans les sociétés développées, puisque c'est sur elle que reposent les systèmes de culpabilisation, d'intériorisation des normes sur lesquelles elles fondent une part essentielle de leur pouvoir. Mais, je le répète, il ne s'agit que d'un cas de figure de l'inconscient, lequel peut être agencé selon d'autres lignes de possibles qu'il appartient à un nouveau type d'analyse de découvrir et de promouvoir.

On se rappelle que, dans le modèle freudien, l'inconscient résultait d'un double mouvement :

1. de répulsion des « représentants pulsionnels » que le conscient et le préconscient ne pouvaient tolérer (énoncés, images, fantasmes interdits),

2. d'attraction s'originant à partir de formations psychiques refoulées depuis toujours (refoulement originaire).

Les contenus marqués du sceau de l'interdit devaient donc transiter d'abord par le conscient et le préconscient pour tomber ensuite dans cette sorte d'« inconscient-décharge », régi par une syntaxe particulière dénommée « processus primaire » (par exemple la condensation et le déplacement opérant au sein du rêve). Avec ce double mouvement, rien n'autorisait la possibilité de processus créateurs spécifiques à l'inconscient [1]. Tout y était joué d'avance, tous les parcours y étaient balisés : l'inconscient psychanalytique était programmé comme un destin.

Plutôt que de reposer sur une telle machinerie binaire – système du refoulement proprement dit et du refoulement originaire –, l'inconscient schizo-analytique implique une prolifération de machines désirantes concernant non seulement des « objets partiels » typifiés – le sein, les fèces, le pénis ou des mathèmes comme l'objet « a » du lacanisme – mais aussi une multitude d'entités singulières, de flux, de territoires, d'univers incorporels, s'articulant en *agencements fonctionnels* jamais réductibles en complexes universels.

Récapitulons quelques caractéristiques de notre inconscient machinique :

1. Il n'est pas le siège exclusif de contenus repré-

---

1. Freud déclare que « le travail du rêve n'est jamais créateur ». Cf. *Le Rêve et son interprétation,* Gallimard, p. 110.

sentatifs (représentation de choses, représentation de mots, etc.) mais le lieu *d'interaction entre des composantes sémiotiques et des systèmes d'intensité les plus divers* (sémiotiques linguistiques, sémiotiques « iconiques », sémiotiques éthologiques, sémiotiques économiques, etc.). En conséquence, il ne répond plus à l'axiome célèbre formulé par Lacan, d'être « structuré comme un langage ».

2. Ses différentes composantes *ne dépendent pas d'une syntaxe universelle*. La disposition de ses contenus et de ses systèmes d'intensité (telle qu'elle peut se manifester dans le rêve, les fantasmes, les symptômes) relève de *processus de singularisation* qui ne sauraient qu'échapper aux descriptions analytiques réductrices, du type complexe de castration, complexe d'Œdipe (ou relations systématisables intrafamiliales). L'existence de tels cas de figure relève d'agencements collectifs liés à des contextes culturels ou sociaux circonscrits.

3. *Les rapports inconscients interindividuels ne dépendent pas de structures universelles* (telles que le courant lacanien a tenté de les fonder à partir d'une sorte de « théorie des jeux » de l'intersubjectivité). Les rapports imaginaires et symboliques interpersonnels occupent évidemmment une place nodale au sein des agencements inconscients, mais ils ne les résument pas. D'autres rapports non moins essentiels s'instaurent en leur sein, à partir de systèmes d'entités abstraites et de machines concrètes n'appartenant pas en propre aux identifications humaines. L'inconscient machinique est un peu comme La Samaritaine, on y trouve de tout! C'est à cette seule condition qu'il est possible de rendre compte à la fois de son

assujettissement à la société de consommation aussi bien que de sa richesse créative et de son infinie disponibilité aux changements du monde.

4. L'inconscient peut se recroqueviller sur un imaginaire passéiste, *aussi bien que s'ouvrir sur l'ici et maintenant,* ou prendre option sur l'avenir. Ses fixations archaïques sur le narcissisme, la pulsion de mort, la peur de la castration ne sont pas des fatalités. Elles ne constituent pas, comme Freud l'a postulé, le roc ultime sur lequel il est fondé.

5. L'inconscient machinique n'est pas le même sur toute la terre : *il ne cesse d'évoluer au cours de l'histoire.*

L'économie du désir des Trobriandais de Malinowski n'est pas la même que celle des habitants de Brooklyn, et les fantasmes des habitants de Teotihuacán, à l'époque précolombienne, n'ont plus grand-chose à voir avec ceux des Mexicains d'aujourd'hui.

6. Les structures d'énonciation analytiques relatives à l'inconscient ne passent pas nécessairement par les services d'une corporation d'analystes. *L'analyse peut être une entreprise individuelle ou collective.* Les notions de transfert, d'interprétation, de neutralité, fondées sur la « cure type », sont, elles aussi à réviser. Elles ne sont recevables que dans des dispositifs très particuliers, relevant d'indications probablement limitées.

Quels que soient les bouleversements de l'histoire et les transformations technologiques et culturelles, n'est-il pas inévitable, cependant, que des éléments structuraux se retrouvent au sein de toutes les formations inconscientes ? Les oppositions je-autre, homme-femme, parent-enfant, etc., ne s'entrecroisent-elles pas de façon à constituer une sorte de grille mathématique universelle de l'inconscient ? En quoi l'existence d'une telle grille viendrait-elle nécessairement interdire la diversification des inconscients? Même mes interlocuteurs les plus ouverts à une « révision schizo-analytique » en reviennent parfois à de telles interrogations. Aussi me paraît-il nécessaire d'insister sur quelques-unes des raisons qui me conduisent à refuser de fonder l'inconscient sur des « universaux » de contenu aussi bien que sur des universaux d'expression.

Une des découvertes majeures de Freud a consisté à mettre à jour le fait que l'inconscient ne connaissait pas la négation, du moins pas le même type de négation que celui de notre logique consciente. Il constituerait donc un monde mental où ne vont jamais de soi les oppositions tranchées précédemment énumérées. On peut y être – et on y est même nécessairement – toujours à la fois je et autre, homme et femme, parent et enfant... Ce qui importe ici, ce ne sont plus des entités polarisées, réifiées, mais des processus qu'avec Gilles Deleuze nous avons appelés des « devenirs » : des devenirs femmes, des devenirs plantes, des devenirs musiques, des devenirs animaux, des devenirs invisibles, des devenirs abstraits... L'inconscient freudien du « processus primaire » (dont nous refusons de légitimer les interprétations réductionnistes fondées des structures noétiques normalisées en fonction des coordonnées et des significations dominantes) nous donne accès à des univers transformationnels de nature incorporelle : là où tout semblait stratifié et définitivement cristallisé, il instaure des potentialités de sens et de praxis en deçà de l'opposition réalité-représentation.

Qu'il advienne, par exemple, qu'un patient expose

à un psychanalyste un problème relatif à son patron ou au président de la République, on sait par avance que seuls seront retenus les mécanismes de l'identification paternelle. Derrière la receveuse des P.T.T. ou la speakerine de la télévision ne pourront se profiler qu'une imago maternelle ou un mathème structurel universel. D'une façon plus générale, à travers toutes les formes qui s'animent autour de nous, les différentes écoles analytiques ne repèrent que des symboles sexuels, des références à la castration symbolique, etc. Mais ce système de lecture à sens unique finit, à la longue, par manquer de charme!

Car si derrière le patron on trouve parfois un père symbolique – c'est même ce qui fait parler, à propos de certaines entreprises, de « paternalisme » –, derrière le père réel, il existe aussi fréquemment, et très concrètement, un patron ou un supérieur hiérarchique. Les fonctions paternelles au sein de l'inconscient sont inséparables de l'insertion socioprofessionnelle et culturelle de ceux qui en sont le support. Derrière la mère, réelle ou symbolique, existe un certain type de condition féminine, dans un contexte imaginaire social défini. Faut-il rappeler enfin que l'enfant ne vit pas au sein d'un monde clos, qui serait celui de la famille, et que celle-ci est perméable aux forces environnantes, aux influences extérieures! Les équipements collectifs, les mass media, la publicité ne cessent d'interférer avec les niveaux les plus intimes de la vie subjective. L'inconscient, je le répète, n'est pas quelque chose qu'on peut appréhender uniquement en soi, à travers le discours de l'intimité. En fait, il n'est rien d'autre que le rhizome des interactions machiniques à partir duquel nous sommes articulés aux systèmes de puissance et aux formations de pouvoir qui nous entourent. Dans ces conditions, les processus inconscients ne sauraient être valablement analysés en termes de contenu spécifique ou en termes de syntaxe structurale, mais seulement en termes d'énonciation, *d'agencements collectifs d'énonciation,* lesquels, par définition, ne coïncident ni avec les individus biologiques ni avec des paradigmes structuraux. La subjectivité inconsciente engendrée par ces agencements n'est pas constituée à partir d'un « déjà donné là ». Elle circonscrit ses processus de singularisation, ses ensembles sujets au sein d'ordres très différents les uns des autres (signes, univers incorporels, énergie, « mécanosphère » etc.) selon des arrangements ouverts, au sens où l'on parle aujourd'hui d'une ouverture de la création, dans les arts plastiques, sur ses matières, ses substances, ses formes...

Les réductions familialistes de l'inconscient, dont sont coutumiers les psychanalystes, ne sont pas des « erreurs ». Elles correspondent à un certain type d'agencement collectif d'énonciation. Elles procèdent d'une micropolitique particulière relative aux formations de l'inconscient, celle-là même qui préside à une certaine organisation capitalistique de la société. Un inconscient machinique trop diversifié, trop créatif, serait contraire à la « bonne tenue » de rapports de production fondés sur l'exploitation et la ségrégation sociales. C'est ce qui confère une place de choix, dans nos sociétés, aux spécialistes du recentrage de l'inconscient sur le sujet individué, sur des objets partiels réifiés, aux méthodes de *containment* pour interdire son expansion hors des réalités et des significations dominantes. C'est dans le contexte du

135

développement d'une gigantesque industrie de normalisation, d'adaptation et de quadrillage du socius, qu'il convient d'apprécier l'impact de techniques à prétentions scientifiques telles que la psychanalyse ou la thérapie familiale.

La division sociale du travail, l'affectation des individus à leurs postes de production ne dépendent plus uniquement, pour leur mise en œuvre, de moyens de coercition directs ou de systèmes de sémiotisation capitalistique (rémunération monétaire fondée sur le profit, etc.). Ils dépendent aussi fondamentalement de techniques de modélisation de l'inconscient par les équipements sociaux, les mass media, les multiples dispositifs d'adaptation psychologiques et comportementaux. La déterritorialisation de la libido par les forces productives sur lesquelles s'appuie le *capitalisme mondial intégré* (C.M.I.) a pour effet de développer une sorte d'angoisse collective, conduisant, en contrepoint de l'essor des sciences et des techniques, à la résurgence d'idéologies religieuses, de mythes, d'archaïsme, etc. Il y a tout lieu de penser que malgré l'ampleur des opérations subjectives de reterritorialisation du socius et de l'imaginaire par les diverses composantes du C.M.I. (régimes capitalistes, socialismes bureaucratiques, dictatures du tiers monde, etc.), l'intégration machinique de l'humanité continuera à aller de l'avant. Toute la question est de savoir ce que seront ses modalités ultimes. Ira-t-elle, comme c'est le cas actuellement, à contresens des lignes créatrices du désir et des finalités humaines les plus fondamentales ? Que l'on songe à la misère immense, tant physique que morale, qui règne sur la plus grande partie de la planète. L'économie du désir, au contraire, parviendra-t-elle à s'harmoniser avec les progrès techniques et scientifiques ? Seule une transformation profonde des rapports sociaux à tous les niveaux, un immense mouvement de « reprise en main » des machines techniques par les machines désirantes, une « révolution moléculaire » corrélative de pratiques analytiques et micropolitiques nouvelles, permettra de parvenir à un tel ajustement. Même le sort de la lutte des classes opprimées – le fait qu'elles risquent constamment de s'enliser dans des rapports de domination – paraît lié à une telle perspective.

Pour qu'elle puisse devenir l'« affaire de tous », une approche analytique et micropolitique des formations collectives de désir devrait donc constamment renouveler ses méthodes, se diversifier et s'enrichir au contact de tous les domaines de création. Bref, faire tout le contraire de ce que fait aujourd'hui la profession psychanalytique.

1979 – DES MADAME-DOLTO PARTOUT!
Dialogue avec Christian Poslianec

Q. – C'est quoi l'adolescence?

R. – À mon avis, c'est quelque chose qui est dans la tête des adultes. Quelque chose qui existe chez eux à toutes sortes de niveaux, comme fantasme, comme pratique de ségrégation sociale, comme équipement collectif, etc. Mais l'adolescence, comme réalité vécue, ne peut guère être spécifiée en tant que classe d'âge. Moi, je préférerais parler de diverses sortes de devenirs. De devenir enfant, de devenir femme, de devenir sexe... Ces devenirs peuvent surgir à un moment ou à un autre; pas nécessairement à un âge fixe. On peut redevenir enfant, ça c'est connu!, à soixante-quinze ans. On peut aussi ne jamais devenir enfant. On peut être gâteux à douze ans. On peut devenir femme, on peut devenir plante; on peut devenir toutes sortes de choses, mais ça ne me paraît pas relever d'une programmation génétique.

Q. – C'est-à-dire que tu élimines tout point de repérage possible dans la personne qui est en face de toi. Tu ne veux pas commencer à mettre des petites boîtes.

R. – Je suis quand même obligé d'en tenir compte

138

puisqu'on fait ça partout. Les petites boîtes commencent dès l'école maternelle où on détermine comment une petite fille, en sautant à la corde, devra disposer son corps de façon à ce que, progressivement, elle se soumette à un certain type de comportements, d'images. Les boîtes sont partout. Mais, au niveau de ce que j'appelle l'économie du désir, évidemment, il n'y a plus de boîte! Ça fuit de tous les côtés. À cet égard, je dois dire, en essayant de serrer d'un peu plus près ta question et de ne pas trop me défiler, que je crois que l'adolescence, pour ce que j'en ai connu, constitue une véritable microrévolution, mettant en œuvre des composantes multiples dont certaines menacent le monde des adultes. C'est l'entrée dans une sorte d'interzone extrêmement troublée d'où surgit brutalement toute une gamme de possibles et où se produisent des épreuves de force des clashs quelquefois extrêmement durs ou même dramatiques. Au sortir d'une situation d'équilibre relatif pendant l'enfance, d'une certaine homéostasie [1] – catégorie, d'ailleurs, à prendre avec des pincettes –, s'ouvre tout un monde nouveau. Mais, très rapidement tout se referme et le cortège de contrôle social institutionnalisé et de l'intériorisation des fantasmes répressifs se met à défiler, pour capter et neutraliser les nouvelles virtualités.

Alors, qu'est-ce qu'il y a dans cette microrévolution? Des choses évidentes, et d'autres qui le sont moins. D'abord, bien sûr, la composante pubertaire qui, de par son surgissement, crée un véritable éclatement, une désorganisation des *statu quo* anté-

---

1. Autorégulation.

rieurs, physiologiques, biologiques, comportementaux; ce genre de transformation aboutit à des remaniements profonds, non seulement de ce qui se passe
dans la tête, au niveau réflexif, conceptuel, mais aussi
au niveau perceptif...

Q. – Et affectif...

R. – Affectif, ça va de soi. Mais je voudrais mettre
l'accent sur les mutations perceptives, relatives à
l'espace, au corps, au temps. Proust a bien exploré
ces transformations mettant en jeu des synesthésies [1].
Tout cela peut aboutir à une complète bascule des
structures du comportement, pour reprendre l'expression de Merleau-Ponty.

Q. – Toi, tu situes ça au moment de la puberté?

R. – Non, je ne parle pas d'une phase spécifique.
Tu peux aussi avoir une « révolution adolescente »
sans entrée de composantes sexuelles génitales.

Dans les sociétés archaïques, ce qui comptait,
c'étaient les agencements collectifs intégrant un individu dans une structure d'initiation et aménageant
son entrée dans la société. Il est évident que cette
initiation ne résultait pas automatiquement de l'entrée
des composantes pubertaires. Peut-être qu'à l'inverse,
c'est le déclenchement des composantes pubertaires
qui est, pour une part, tributaire de cette entrée
initiatique dans une classe d'âge. Les « mues » sociales,
aujourd'hui, n'existent plus sous la forme collective
et spectaculaire qu'elles prenaient dans les sociétés
archaïques. Elles sont beaucoup moins repérables,

1. Association entre des sensations différentes qui semblent se
suggérer l'une l'autre.

parce qu'elles ne sont plus ritualisées de la même façon. Elles n'en sont pas moins importantes.

Q. – Je parlais de puberté parce que, statistiquement, pour la plupart des individus les critères sexuels de la puberté apparaissent à un âge donné. Or, quand on vit dans des groupes d'ados, on s'aperçoit qu'il y a un tas de comportements, de visions, d'émotions, de capacités à prendre en compte, de capacités d'écoute, qui changent à cette époque. C'est peut-être caricatural de relier ça aux critères de la puberté mais ça se fait traditionnellement. Cependant, ça m'intéresse moins qu'autre chose : moi, j'ai surtout travaillé avec de jeunes adultes ou des ados de dix-sept à vingt-deux ans; j'ai presque été amené à parler d'une « seconde puberté » vers cet âge-ci. Ce que j'appelais ainsi, c'était un changement dans la façon d'appréhender le monde, en particulier par une importante recherche d'autonomie sur tous les plans – affectif, sexuel, financier, intellectuel, etc. Comme s'il y avait toute une révolution interne qui se passait à cet âge-là, sans qu'il y ait de « signes extérieurs de richesse » comme pour la puberté, sans que je puisse saisir exactement ce qui se passait. Est-ce que ça correspond pour toi à quelque chose de plus explicite que pour moi ?

R. – Peut-être que tu as une expérience que je n'ai pas. Les jeunes gens et jeunes filles auxquels j'ai affaire sont généralement, en ce qui concerne ce que tu appelles cette « seconde puberté », beaucoup moins autonomes que ceux dont tu parles. Ce serait même plutôt le contraire pour les psychotiques qui, souvent, perdent toute autonomie avec leur entrée dans la puberté, laquelle coïncide fréquemment avec leur entrée dans le processus pathologique.

J'ai souvent l'impression que se jouent dans les périodes d'adolescence des phénomènes d'*empreintes*, pour reprendre un terme d'éthologie. Toute cette zone de perturbations psychiques et comportementales, et aussi quelquefois de richesses tumultueuses, expose beaucoup d'adolescents à de redoutables épreuves, dont certains ne sortent pas indemnes. Tout cela conduit soit à la normalisation, soit à des troubles caractériels, à des névroses ou à toutes sortes d'autres dévastations. Il est vrai que peu de gens conservent un souvenir authentique de leur adolescence. Rares sont les écrivains, comme André Gide, qui ont su en rendre compte.

Q. – Boris Vian...

R. – Oui, en effet... Chez les filles, les ravages sont peut-être encore pires. La capacité de récupération, de matraquage des systèmes normatifs prend fréquemment, chez elles, une tournure effrayante. Pas seulement en raison d'interventions extérieures, d'attitudes répressives explicites, mais aussi à cause des systèmes punitifs intériorisés.

Q. – Tous les petits flics intérieurs quoi !

R. – Qui se développent y compris à partir de pratiques se présentant comme libératrices. Dans un autre domaine, je pense à certains groupes d'homosexuels qui m'inspirent quelquefois un sentiment plutôt mitigé, car leur dimension prétendument émancipatrice paraît surtout liée à des entreprises à peine dissimulées de normalisation et d'enfermement psychologique. Quoi qu'il en soit, cette première révolution adolescente me paraît de la plus grande importance pour la cristallisation de la personnalité. Ce n'est pas par hasard si Kraepelin originait à partir d'elle la démence précoce. On a depuis, il est vrai, inventé les « psychoses infantiles ». Mais je ne sais pas si c'est ce qu'on a fait de mieux! Car en pratique, les descriptions cliniques en reviennent toujours à cette période de la puberté. On peut certes considérer qu'il existe une maturation de la psychose antérieure à ce stade, avec révélation « après coup » de troubles infantiles. Mais ces conceptions me laissent perplexe. Il me paraît dangereux de parler de psychose avant la puberté, parce que rien n'est encore vraiment cristallisé. On risque de plaquer sur des stades infantiles toute une programmation étiologique. On repart de l'Œdipe – ou bien avant selon Melanie Klein –, puis on déduit un enchaînement de distorsions dans les identifications imaginaires... Vous connaissez la suite! En fait, je le répète, c'est bien à ce tournant de la révolution adolescente que naissent les grandes folies comme les grandes vocations.

Q. – Je croyais que tout se jouait avant six ans? C'est ce que disent encore beaucoup de pédagogues à l'heure actuelle!

R. – Oui, je sais, mais c'est vraiment pas fameux! Avec ça dans la tête, on peut justifier toutes les passivités, toutes les démissions. Plus rien ne commence vraiment ni avant ni après six ans! Il faut casser ces schèmes causalistes. Ce qui compte, ce sont les procédures d'entrée dans la famille, dans le socius, dans la sexualité, le sport, l'art, l'armée, etc. À chaque fois se produisent concurremment une rupture et une possibilité d'ouverture, compte tenu des conditions sociologiques, institutionnelles, environnementales d'équipement collectif, de mass media... Paradoxalement, l'entrée dans la vie du travail se produit de plus en plus tard, tandis que l'entrée dans les sémiotiques adultes se produit de plus en plus tôt! De cela résulte, à mon avis, l'existence de formes de sexualité de plus en plus précoces et, corrélativement, une immaturation chronique de cette même sexualité! Je n'y suis pas hostile! Mais cela signifie-t-il qu'il y ait un phénomène de libéralisation sexuelle? Ce n'est pas du tout évident! Parce que en fait, l'entrée dans la vie sémiotique, c'est l'entrée au boulot, c'est l'entrée dans la production, la production de modèles, la production de subjectivité. Il existe pendant toute l'adolescence une considérable anxiété de l'advenir *adulte normal*...

Q. – Dans notre numéro, on a deux témoignages de discussion avec des « gosses » en C.E.T. ou en lycée technique, c'est-à-dire qui vont entrer dans la production l'année suivante. Effectivement, cette angoisse de l'entrée dans la vie = boulot = enfermement = productivité = fin des quelques rêves qui leur restent se manifeste d'une façon très forte.

R. – C'est là que tout se noue. Tu passes ton B.E.P. ou je ne sais pas quoi, tes degrés de compétence linguistique, tes niveaux de performance dans la course à la promotion, dans des domaines qui relèvent non seulement de l'éducation, de la formation professionnelle, mais aussi de la sexualité! Est-ce que tu as passé ton certificat de puberté? Est-ce que t'es bien sûr d'être normal? Le jury de ce genre de concours, c'est le regard, souvent implacable, de tes copains les plus proches, de tes amies les plus tendres...

Q. – La libéralisation sexuelle comme normalisation de la sexualité?

R. – C'est un sale truc! Et cet intérêt malsain se

144

répand de plus en plus. Non seulement chez les psychologues, les éducatrices, les gardiennes de crèches, les mères de famille et toutes les madame-Dolto qui peuplent les médias. Les microprocesseurs, les micro-ordinateurs prolifèrent partout, mais aussi les micro-Dolto.

La sexualité infantile, adolescente et adulte, ne cesse d'être confrontée à ce genre d'épreuve. Est-ce que tu jouis trop tôt, trop tard ? Et ton orgasme, comment va-t-il ? Pas trop clitoridien ? Quelle soupe débile ! Et regardez le sérieux des bébés devant la télévision ! Ils bossent, ces malheureux ; ils sont à la chaîne ; ils pointent ! Vous retrouvez au stade infans un modelage des systèmes perceptifs. Il est clair que cette enfance-là n'a plus rien à voir avec celle qui fut vécue autrefois dans les sociétés rurales ou urbaines relativement peu capitalistiques d'il y a cinquante ans. Tout un esprit de sérieux psychologisant est véhiculé par les médias, les jeux éducatifs... Est-ce que mon bébé tète au bon moment ? Est-ce qu'il se masturbe quand il faut ? « Ce n'est pas normal, docteur, il a tel âge et il ne se masturbe toujours pas ! Qu'est-ce que vous prescrivez ? » Une anxiété généralisée préside au moindre incident de développement. C'est quelquefois extravagant ! Et c'est, pour une grande part, la conséquence des radotages psychanalytiques en matière de psychogenèse, ces stupidités sans nom qui postulent non seulement des stades de développement intellectuel, des stades comportementaux, mais aussi des stades affectifs. N'est-ce pas un comble !

Q. – Ce que tu dis me rappelle une idée que j'essaie de mettre en forme depuis quelque temps. Il y a un demi-siècle, les jeunes, dans les zones rurales par exemple, étaient beaucoup plus libres que dans les zones urbaines. Ils n'étaient pas surveillés, ils n'étaient pas constamment sous le regard des adultes. Maintenant, ce n'est plus le cas. Quand ils sortent de l'école, il faut qu'ils rentrent à la maison aussi sec; il n'y a plus de haies, plus de coins tranquilles, d'endroits où on peut se réfugier secrètement et ils passent du regard des adultes-enseignants au regard des adultes-parents et au regard, je dirais, de la télévision. Et ils sont tout le temps enfermés comme ça. Alors que dans les villes, ça a été le contraire il y a quelque temps : on retrouvait une certaine liberté dans les caves, dans les parkings, tout ce qui est souterrain, tout l'inconscient des villes. Là, il se maintenait une certaine vie sexuelle d'opposition à l'interdit, avec hélas tout son cortège sexiste, violent, etc. – Mais il y avait quelque chose de sauvage, précisément, là-dedans. Or, actuellement, c'est en train de disparaître par le contrôle des loisirs des enfants. Et c'est venu des anciens soixante-huitards qui se sont recyclés dans les loisirs pour enfants, les ateliers pour enfants, dans la production de trucs pour enfants... Il n'y a qu'à voir les annonces de *Libération* où ça se multiplie à une vitesse dingue. C'est d'ailleurs une forme d'adaptation du néocapitalisme à un nouveau système de petits boutiquiers. Le résultat de l'affaire, c'est que l'enfant est constamment sous l'œil de papa-adulte, maman-adulte, comme dans *1984* d'Orwell.

R. – J'ajouterai que ce ne sont pas seulement les enfants et les adolescents qui sont sous contrôle. C'est toute la société qui se trouve infantilisée, puérilisée sous ce régime « panoptique » décrit par Michel Foucault. Car tout ce que tu viens de dire pourrait s'appliquer pareillement au père, à la mère, etc. Nous

146

sommes tous puérilisés par la société mass-médiatique et par les équipements producteurs de subjectivité. Et peut-être que, finalement, les « ados » le sont moins que les autres; peut-être que ce sont eux qui résistent encore le mieux! Du moins jusqu'au jour où ils craquent au cours d'une véritable crise d'angoisse, à moins qu'ils ne fassent un transfert massif sur un partenaire, et parviennent à se conjugaliser et à entrer dans le circuit habituel...

Q. – D'après tout ce que tu disais tout à l'heure de cette force, de cette violence qui arrive à un moment donné et qui pourrait être une des définitions possibles de l'adolescence, on peut penser qu'il y a là une force politique – au sens étymologique – qui peut changer quelque chose, un « espoir », alors même que les ados interviewés disent qu'ils ne croient pas à la société, à la politique, ni même peut-être à l'organisation collective de quoi que ce soit. Et ils expliquent qu'ils vivent leur sexualité en couple. C'est-à-dire qu'on trouve soit un retour soit une fixation au couple. Alors, pour moi, tous ces mots s'entrechoquent : sécurité, intégration, force de révolte, etc. Pour toi, est-ce que c'est plus clair ?

R. – Je ne suis pas du tout persuadé qu'on puisse parler aussi vite d'un retour au couple. Il existe sûrement une nouvelle micropolitique du couple, mais pas forcément un retour. Il s'agit d'une autre définition. Tout au moins dans beaucoup de cas. Car, évidemment, il existe aussi, dans ce domaine, une montée conservatrice qui fait beaucoup de ravages. Quoi qu'il en soit, je crois que la façon dont s'agencent, aujourd'hui, les rapports hommes/femmes est très différente de ce qu'elle était il y a deux ou trois générations. Il

147

faudrait une étude fine pour le montrer. Ça se joue non seulement au niveau de la vie quotidienne – la vaisselle ou des trucs comme ça – ou des rapports de possessivité, de jalousie, etc., mais aussi au niveau sexuel. Ce n'est plus la même sexualité parce que les femmes assument leur corps dans une dépendance relativement moindre à l'égard de leur partenaire.

Alors, qu'il y ait toujours des couples, pourquoi pas! Les mythologies de communautés sexuelles, accompagnées quelquefois de caïdats quasi délirants, se sont, à ma connaissance, à peu près toutes effondrées. Mais ça n'implique pas forcément un retour au couple traditionnel. Et je ne vois pas au nom de quoi il faudrait condamner les couples! Toute la question est de savoir comment ils fonctionnent. Qu'est-ce qu'il advient des individus qui les composent, de leur vie, de leur sensibilité, de leurs désirs? On retrouvera ici une problématique similaire à celle de l'analyse. Le problème n'est pas de savoir si on doit être deux pour conduire une analyse, ou tout seul, ou dix, ou cinquante, mais de déterminer ce qu'on y fait!

Symétrie dans la réponse : il n'est pas vrai qu'il y a mort du politique par implosion du social. Il y a mort d'une certaine politique, implosion d'un certain social, ça c'est incontestable. Mais je crois qu'il y a aussi recherche collective, confuse, avec des hauts et des bas, d'une autre politique. C'est ce que j'appelle « micropolitique », « révolution moléculaire – », quelque chose qui part de préoccupations très immédiates, très quotidiennes, très individuelles, sans renoncer à s'intéresser pour autant à ce qui se passe au niveau social et même, pourquoi pas, au niveau cosmique. La sensibilité écologique, c'est aussi la promotion d'une certaine vision à la fois moléculaire et mondiale des problèmes politiques. Évidemment, c'est autre chose que le radical-socialisme de nos pères et grands-pères! Mais si ce n'est pas du politique, ça alors, qu'est-ce que c'est? Il est vrai que ses sujets, ses objets et ses moyens ne sont plus les mêmes. À la place des sujets individuels, des citoyens abstraits, on a des agencements collectifs. Prenons par exemple, un groupe comme celui de Sexpol, ça ne doit pas être facile à définir! On ne peut pas le faire selon des critères sexuels, ni comme un groupe politique ni comme une classe d'âge... C'est ce que j'appelle un agencement complexe, multidimensionnel. Des groupes comme celui-là, jaloux de leur autonomie et de leur singularité, parviendront peut-être un jour à changer les rapports humains à grande échelle, s'ils arrivent à se défaire des attitudes corporatives, ségrégationnistes.

Ses objets aussi sont différents. On ne peut pas dire qu'ils soient ambigus, mais ils ont vraiment de multiples faces : ils peuvent relever d'un plaisir très immédiat, par exemple celui d'être ensemble, et aussi de préoccupations plus politiques, sociales, qui n'ont plus rien à voir avec les petites cuisines habituelles. Alors les objets, ça devient la terre entière, les animaux, les plantes, les formes, les sons, l'humanité, que sais-je...

Ce qui a complètement démoralisé de Gaulle, en Mai 68, c'est qu'il s'est aperçu qu'on ne lui en voulait même pas, qu'on rejetait seulement ce qu'il représentait. Il pouvait rester en place puisqu'on n'avait pas d'alternative politique crédible. Il s'est aperçu qu'il gouvernait un peuple de zombies. C'est peut-être un nouveau 68, d'un style tout différent, qui se prépare en sous-main. Tes étudiants, tes jeunes, tes rockers, leurs préoccupations sont littéralement imperceptibles par les gens « normaux ». Ce qui leur fera dire : « Mais ces types-là ne savent même pas ce qu'ils veulent! Leurs revendications n'ont aucun objet compréhensible! » Et comme ça ne peut s'inscrire dans leur entendement, ça leur apparaît complètement fou. Sauf que, de temps en temps, ça s'inscrit quand même. Alors, une fois, du côté de l'*establishment,* ça donne le Watergate et, d'autres fois, du côté populaire, des trucs complètement aberrants, des révoltes contre le travail ou des statistiques alarmantes sur le fait que les gens se contrefoutent de mourir pour la patrie... À ce moment-là, les dirigeants se disent : « D'où est-ce que ça tombe? Qui sont les meneurs? Quels mauvais esprits montent la tête à notre jeunesse? » Quant aux moyens de cette politique, ils ne sont pas non plus traditionnels. Ce ne sont plus ceux de la communication sociale par le discours, le programme, l'explication de texte, la référence aux grands auteurs. C'est passé sur le versant du réflexe, de la sensibilité collective, des systèmes d'expression non verbaux. Les enfants, les adolescents n'appréhendent pas leur devenir, du moins de façon prédominante, en termes de discours signifiant. Ils recourent à ce que j'appelle des formes de discursivité a-signifiantes : la musique, le vêtement, le corps, les comportements-signes de reconnaissance, et aussi à des systèmes machiniques de toutes natures. Mon fils, par exemple, fait de la politique. Pas tellement avec des discours, mais avec son fer à souder : il monte des radios libres. Le discours technique, là, est en prise directe avec l'engagement; il n'y a pas besoin de s'expliquer longtemps l'opportunité, la justification politique des radios libres. Il a tout de suite compris. C'est cette irruption des machinismes – pas seulement de la communication – comme moyens, médias politiques qui me semble fondamentale. J'ai foi en la montée de toutes les catégories technico-scientifiques dans ce nouveau champ politique. C'est pas un hasard si un comité des physiciens s'est retrouvé au premier plan dans l'affaire Piperno, dans celle du 23 mars. Les universitaires, les politiciens traditionnels méconnaissent généralement les virtualités que recèle ce monde technico-scientifique.

Q. – Tu as été plus ou moins mêlé à toutes les histoires de mineurs en lutte...

R. – Plutôt moins que plus.

Q. – Je voulais savoir si tu avais quelque chose à en dire?

R. – Tout ce que je peux dire, c'est que je suis convaincu que cette entrée en politique de toute une série de gens qu'on n'attendait pas – les marginaux, les chômeurs, les vieillards, les mômes du primaire, les bandes de quartier... – prendra de plus en plus d'importance.

1980 – PETITES ET GRANDES MACHINES À INVENTER LA VIE
Entretien avec Robert Maggori

Q. – Certains de vos livres, notamment *L'Inconscient machinique,* sont d'un accès particulièrement difficile, en raison de l'extrême abstraction de la langue, des néologismes, de la variété des vocabulaires empruntés à des disciplines très différentes. Est-ce là un jeu, un peu élitiste, ou bien une nécessité due à l'objet même de vos recherches?

R. – Ce qui est sûr, c'est que ce n'est pas un jeu. C'est peut-être une insuffisance ou une nécessité. Insuffisance? S'il s'agit des livres que j'ai écrits avec Gilles Deleuze, je ne crois pas que ce soit la bonne définition. En ce qui concerne mon travail personnel, disons que c'est une déficience chronique. Mais c'est à vous d'en juger! Il est évident que, personnellement, j'aurais plutôt tendance à penser que c'est une nécessité qui tient à ce que je me suis forgé mon propre langage pour affronter certaines questions.

Forger un langage, cela signifie inventer des mots, des mots clés, des mots-valises, dans le meilleur des cas, des mots-outils capables d'ouvrir une problématique, de la véhiculer et de l'articuler dans divers champs. Je ne crois ni à la littérature ni à la

152

philosophie universelle, mais plutôt aux vertus des langues mineures. La question devient alors assez simple : ou une langue mineure entre en connexion avec des problématiques mineures et elle produit des effets singuliers, ou elle reste isolée, végète, tourne sur elle-même et ne produit rien. Je ne crois donc pas qu'il s'agisse, de ma part, d'une attitude élitiste. Je comprends que cela irrite certains mais, à la limite, ce n'est pas mon affaire. Ce qui m'ennuierait, ce serait de n'être pas compris quand je m'exprime dans une langue majeure, par exemple, quand je veux dire quelque chose sur Giscard ou le code Peyrefitte.

Q. – Vous vous forgez des outils particuliers pour un champ de recherche particulier. Mais cela pose des problèmes au niveau de la communication de la recherche. L'outil n'a-t-il pas à être universel ?

R. – Je ne crois guère à l'outil universel ni aux vertus de la communication dans ce domaine. L'effet le plus souhaitable que l'on peut escompter, dans le champ conceptuel, n'est pas de l'ordre de la compréhension, mais d'une certaine forme d'efficience. « Ça marche » ou « ça ne marche pas ». Imaginons que, pour faire des opérations arithmétiques, on vous offre une petite calculatrice. Est-ce qu'il y a communication ? On vous transmet un usage possible de cette machine. Les performances autorisées par son usage seront instaurées dès lors qu'une certaine compétence relative à son emploi aura été acquise. Il en va de même, selon moi, des expressions théoriques qui doivent fonctionner comme des outils, des machines, sans référence ni à une idéologie ni à la communication d'une forme particulière de subjectivité. Et cela est vrai dans tous les domaines. Souvenez-vous de Mai 68. Il n'y a pas eu transmission idéologique, mais répercussion d'événements. Il y a eu un : « Ça marche autrement », qui s'est transmis à la vitesse des machines et non à la vitesse de l'intelligibilité idéologique des problèmes. Au XIXᵉ siècle, on pensait qu'il fallait d'abord éduquer le prolétariat, afin que, sachant lire les textes fondamentaux, il puisse accéder à une compréhension qui, ensuite, lui permettrait d'en arriver à une pratique... Eh bien, non! Ça ne fonctionne pas de cette manière-là!

Q. – Je reviens quand même à la question de l'emprunt d'une partie de votre vocabulaire à différentes disciplines, plus ou moins hétérogènes.

R. – Lacan a traité le tiers des membres de l'École freudienne de faussaires. Je revendique ce terme de faussaire, de voleur d'idées, de bricoleur de concepts usagés. L'emprunt n'est pas un problème en lui-même, sinon au niveau de la fondation sémantique d'un mot nouveau. Par exemple, notre terme de déterritorialisation a été formé à partir d'un concept de territoire emprunté à l'anthropologie américaine. Cette référence fut vite oubliée et le terme intégré dans des problématiques très différentes, où il a acquis des dimensions syntaxiques, rhétoriques, voire stylistiques, qui nous ont en quelque sorte guidés.

Q. – Dans le cas de Deleuze et Guattari, l'opération semble réussie, puisque c'est à vous qu'on fait maintenant des emprunts : déterritorialisation, rhizome, machine de guerre... Mais je me demandais s'il n'y avait pas, en raison même de l'objet de vos recherches, une sorte d'*obligation* à l'utilisation de tous les concepts possibles, à la diversification des vocables, précisément parce que l'homme n'est pas « quelque chose » mais

154

un croisement, un carrefour d'entités psychologiques, biologiques socio-économiques, etc., nécessitant des « prises multiples ».

R. – Il y a peut-être un malentendu. Ce que vous dites pourrait donner à penser que je suis obligé de recourir à une expression éclectique pour explorer un champ foncièrement hétéroclite. Je ne crois pas. Je suis plutôt sensible au souci de forger un certain type de..., mais sans doute vais-je encore utiliser mon jargon, *machine concrète* traversant différents domaines. Cette machine concrète doit être capable non pas d'intégrer, mais d'articuler les singularités du champ considéré à des composantes absolument hétérogènes. Ce n'est pas par absorption, emprunts éclectiques, qu'elle y parviendra : c'est en acquérant une certaine puissance que j'appelle précisément de « déterritorialisation », une capacité de s'articuler à des champs déterritorialisés. Il ne s'agira plus alors de s'adonner à une interdisciplinarité approximative, mais à une *intradisciplinarité* capable de traverser des champs hétérogènes, porteuse des plus fortes charges de « transversalité ».

Q. – Pourriez-vous prendre un exemple précis ?

R. – Considérons chez Freud la notion, séduisante d'ailleurs, de « complexe », dont il serait trop long d'énumérer toutes les acceptions. Au commencement, les gens regardaient ce terme d'un drôle d'air, et aujourd'hui, on l'utilise couramment. Là-dessus, avec Deleuze, nous forgeons le mot « agencement », lequel appartenait à l'origine au domaine de la logique scientifique. Il s'agit d'une notion plus vaste, plus englobante, puisqu'elle ne désigne plus uniquement une formation de l'inconscient, mais qu'elle est relative à la fois aux représentations imaginaires, aux chaînes langagières, aux sémiotiques économiques, politiques, esthétiques, microsociales, etc. C'est donc à la fois une notion plus pauvre en compréhension que celle de complexe et plus riche en extension, qui permet de ne pas exclure du champ du « complexe » des catégories d'origines diverses, sur lesquelles viendront se greffer encore d'autres notions telles que celle de machine. On parlera alors d'un « agencement machinique », en association éventuelle avec des « agencements collectifs d'énonciation ».

Q. – Pourquoi ne pas dire « ensemble de machines » ?

R. – Parce qu'ensemble de machines donnerait l'idée d'une disposition spatiale par rapport à laquelle les individus, les sujets demeurent extérieurs, alors que l'agencement permet de poser la problématique de l'énonciation et de la subjectivation : comment on fabrique du sujet. Il s'agit d'aller vers une « chimie conceptuelle », se démarquant de toute idée d'axiomatique. À une homogénéité axiomatique, je préfère des formules chimiques instables, précaires, transitoires. Les concepts d'« agencement », d'« agencement machinique » n'ont pas de prétention à l'universalité. Ce sont des outils. Les déclarer universels, cela peut vouloir dire deux choses : soit qu'on les destine à un champ très large, soit qu'on veut en faire des « universaux », c'est-à-dire des fondements, des principes de base, d'un ordre scientifique ou moral. Mais, selon moi, l'analyse de l'économie du désir implique une logique multivalente qui légitime la coexistence de discours qui ne sauraient prétendre à une homogénéité axiomatique. Si l'on m'objecte : Vous ne dites pas la même chose qu'il y a dix ans, je réponds :

156

Tant pis, ou même tant mieux! C'est peut-être bon signe! Une énonciation de désir peut signifier au même instant des choses formellement contradictoires, parce que référées à des univers de référence différents.

Q. – Mais est-ce que cela tient au sujet qui énonce des propositions, ou bien à la chose sur laquelle vous prononcez des jugements?

R. – Cela tient aux deux. Je peux, par exemple, tenir un discours bien construit sur la libération de la femme, et avoir en pratique, sans m'en rendre compte, un comportement phallocratique. Les discours et les réalités ne cessent d'interférer. On aura beau brandir une loi ou des impératifs sur-moïques prescrivant ceci ou cela; il n'en demeure pas moins que j'évolue et que le monde ne cesse de se transformer vite, toujours plus vite, beaucoup plus vite qu'au temps d'Héraclite! Comment gérer ces fluctuations et ces contradictions? Un jour, je peux dire des horreurs sur *Libération,* en dénonçant ses positions sur tel ou tel point, puis m'exclamer, une autre fois: Ah, s'il n'y avait pas *Libération!* Cette « duplicité » peut paraître intolérable, d'un point de vue moral, moralisateur. Je crois pourtant que les situations concrètes nous confrontent toujours à ce genre de morale de l'ambiguïté, qui me paraît spécifique de la schizo-analyse. Il ne s'agit nullement ici de la question bateau dont notre génération a eu les oreilles cassées: « D'où tu parles? » mais, plutôt: « Qu'est-ce qui se met à parler à travers toi dans telle situation, dans tel contexte? » Il ne s'agit pas non plus du « ça parle » des lacaniens mais plutôt du questionnement de

Foucault sur ce qu'il appelle les « énoncés » : pourquoi et comment s'articulent-ils là de cette façon ?

Q. – Comment pourrait-on illustrer cela dans le domaine politique, par exemple ?

R. – Prenez la notion de classe, de lutte des classes. Elle implique qu'il y ait des objets sociologiques parfaitement délimités : bourgeoisie, prolétariat, aristocratie... Mais ces entités sont rendues floues par des interzones, des intersections de petite bourgeoisie, de bourgeoisie aristocratique, d'aristocratie du prolétariat, de lumpenprolétariat, d'élites non garanties... D'où une indétermination qui empêche de cartographier le champ social de façon claire et nette, et qui fausse souvent la pratique militante. Or, la notion d'agencement peut ici avoir une utilité, car elle montre que les entités sociales n'entretiennent pas d'opposition bipolaire. Des agencements complexes mettent en relief d'autres paramètres de race, de sexe, d'âge, de nationalité... Des croisements interactifs impliquent d'autres logiques que celle des classes opposées deux par deux. Importer cette notion d'agencement dans le champ social ne relève donc pas nécessairement de subtilités théoriques gratuites, mais permettra peut-être d'élaborer des moyens de repérage, des cartographies, nous aidant à détecter et à déjouer certaines conceptions simplistes relatives aux luttes des classes.

Q. – Très logiquement, vous avez parlé de cette notion d'agencement dans le champ de l'inconscient et dans le champ social, deux domaines de recherche que vous n'avez jamais quittés et qui sont banalisés, l'un par Freud et l'autre par Marx. Il semble donc que, tout en critiquant Marx et Freud, vous ayez conservé les questions que l'un et l'autre se posaient, à savoir l'édification d'une cité juste et l'exploration de l'inconscient. Peut-on faire aujourd'hui l'économie de ces questions?

R. – Cela me paraît difficile! Mais pour y répondre, il faut tenir compte de certains changements. On ne saurait plus concevoir la survie de l'espèce humaine sans une intégration du travail humain et du travail machinique de plus en plus poussée, aboutissant à des assemblages d'individus et de machines débitant massivement des biens, des services, de nouveaux besoins, etc. Nous sommes engagés dans une fuite en avant éperdue : on ne peut plus se retourner, revenir à un état de nature, à de bons sentiments, à de bonnes petites productions artisanales. Les processus de production, de plus en plus intégrés mondialement, autorisent – et je crois que c'est là une intuition marxiste qui demeure valable – un épanouissement de la liberté et des désirs. De nouveaux moyens nous sont donnés de sortir d'un Moyen Âge, voire d'un néolithisme des rapports humains. Pour constituer et faire tenir en place les agrégats humains, pour disciplinariser leur division du travail, les systèmes sociaux ont eu recours, jusqu'à présent, à des moyens d'organisation aux incidences généralement catastrophiques pour l'épanouissement des individus. Le capitalisme ne peut impulser de motivation productive – à l'échelle personnelle, locale, régionale, mondiale – qu'en faisant appel à des techniques ségrégatives d'une incroyable cruauté. Il ne sélectionne et valorise économiquement que ce qui entre dans ses créneaux spécifiques; tout le reste est dévalué, pollué, massacré. À cet égard, il faut bien dire que le socialisme soviétique, le socialisme du goulag, est devenu la forme suprême du capitalisme. Il nous a toutefois légué une chose essentielle : la compréhension de ce qu'aucun socialisme, aucune libération sociale ne saurait uniquement reposer sur des remaniements économiques. L'alternative est claire : ou les processus révolutionnaires prendront en charge l'ensemble des composantes productives – pas seulement les productions marchandes, mais toutes les productions de désir, de vie, de science, de création, de liberté –, ou ils ne pourront que décalquer les anciens modes de domination sociale, devenus entre-temps de plus en plus cruels. Récemment, Paul Virilio parlait ici même (*Libération*, 17 mai 1980) de la vitesse et d'une société qui en viendrait à ce que seuls quelques-uns de ses membres puissent se déplacer d'un point à l'autre du globe, tandis que tous les autres seraient « assignés à résidence ». Le problème est effectivement là : comment les contraintes inhérentes aux niveaux les plus intégrés, les plus sophistiqués de la production (compte tenu de la révolution informatique, de l'essor des technologies de pointe, etc.) pourraient-elles demeurer compatibles avec un mode de vie où on puisse circuler non seulement dans l'espace, mais aussi dans les idées, les sentiments, les désirs, les sexes même...

Q. – N'est-ce pas un doux rêve ?

R. – Je ne sais pas. Je suis à la fois hyperpessimiste et hyperoptimiste! Je crois que nous devrons faire face, dans les années qui viennent, à des épreuves très difficiles : renforcement considérable du contrôle social sur les jeunes, immigrés traités comme du bétail, espaces de liberté réduits comme une peau de chagrin... Voilà ce qu'on nous prépare. Et, à cet égard, il faut souligner la complicité fondamentale entre l'Est et l'Ouest, dont le tapage à propos des menaces de guerre mondiale masque les entreprises communes pour assujettir les mouvements de libération et toutes turbulences incontrôlables. Avec, en toile de fond, ne l'oublions jamais, une courbe démographique qui nous fera passer de cinq milliards d'habitants sur cette terre à huit milliards dans vingt ans et, au-delà, à des chiffres qui confinent au délire! On peut imaginer que tout cela ne va pas tellement simplifier les choses! Voilà pour le côté catastrophique! Et pourtant, je persiste à penser qu'il convient de conserver une sorte de sérénité, car les conditions « objectives » – il est vrai qu'on n'ose plus guère employer ce terme! – laissent espérer de véritables révolutions, à la fois molaires et moléculaires, nous donnant les moyens de construire un autre ordre social.

Q. – Qu'est-ce qui vous fait penser cela?

R. – Ni les « bons sentiments », ni la « bonne nature » d'un prolétariat qui serait porteur des espoirs de l'histoire! Mais ce que j'appelle les phylums machiniques; car partout où apparaît une envie de créer, une envie de vivre, partout où quelque chose bouge – que ce soit dans le domaine scientifique, artistique... –, on assiste en effet à un rejet des systèmes d'organisation tels qu'ils sont aujourd'hui stratifiés et hiérarchisés. Les progrès scientifiques, les mutations esthétiques ou culturelles ne procèdent jamais par voie autoritaire. Dès qu'un état-major prétend s'imposer dans l'ordre des arts plastiques, de la littérature, de la science, etc., la recherche et la création s'arrêtent

161

net. Si les domaines les plus complexes peuvent parfaitement fonctionner sans ségrégation bureaucratique et élitiste, pourquoi faudrait-il donc que l'agencement du socius fasse exception? La perspective d'une véritable révolution sociale me semble aussi ouverte que les champs de possibilité des révolutions scientifiques et esthétiques. Peut-être suis-je naïf, mais je ne vois pas pourquoi l'organisation des relations sociales sur des bases permettant à tous de vivre et de s'épanouir serait plus difficile à résoudre que des questions de physique quantique ou de manipulations génétiques!

Q. – Ce n'est pas une question de « difficulté », mais de conditions de possibilité. Ce champ de possibilité d'une révolution sociale, que vous voyez dans l'émergence de zones de vie, de liberté, de créativité, n'est pas à côté ni indépendant du champ d'organisation socio-économique qui donne son (mauvais) « sens » à l'histoire : il est au contraire conditionné par lui et étouffé.

R. – En effet, et c'est là ce qui me conduit à introduire cette notion de « révolutions moléculaires » que je n'oppose pas aux révolutions sociales, dans leur acception plus traditionnelle, mais qui me paraissent devoir aujourd'hui en être nécessairement le complément. Le changement ne vient pas obligatoirement des grands ensembles socio-économiques. Tous ces systèmes fuient de l'intérieur : comme systèmes de défense, mais également comme systèmes de mutation. Les mutations moléculaires ne s'affirment pas toujours à grande échelle et on les repère difficilement dans le court terme. Elles n'en existent pas moins! Nous n'avons plus le même rapport à la lecture, à l'écriture, à l'image, à l'espace, au sexe, au corps, à la nuit, au soleil, à la douleur, qu'il y a seulement dix ans! Dans tous ces domaines, des mutations profondes et irréversibles sont en cours. Autrement dit, le substrat moléculaire sur lequel s'inscrivent les grands ensembles sociaux est devenu une sorte de soupe bouillonnante, de « soupe machinique », au sens où l'on parle de soupe biologique, qui n'est pas « déterminée » de façon univoque par le niveau macro-social. La question d'une intervention politique au niveau social global me paraît donc être devenue inséparable de ses connexions avec ce niveau moléculaire. Il ne s'agit pas de construire des « niches écologiques » ou des « îlots respirables » à côté des grands ensembles sociaux, mais, au contraire, de faire que ces révolutions moléculaires (dont les effets agrégatifs sont discontinus, qui ne s'inscrivent pas dans les programmes politiques et échappent souvent aux descriptions sociologiques) aboutissent à la construction de nouvelles machines de guerre sociales, qui forgeront elles-mêmes leur propre surface d'inscription, qui créeront de nouveaux types de praxis sociale. La différence entre ces révolutions moléculaires et les anciens types de révolution, c'est qu'auparavant tout convergeait sur l'idéologie, le programme, alors qu'aujourd'hui les modèles mutationnels – même s'ils touchent des choses en apparence secondaires, comme la mode – se transmettent immédiatement à l'ensemble de la planète. C'est l'intégration machinique des procès de production, de circulation et d'information qui catalyse cette nouvelle « donne » : une mutation comme celle qu'introduisent les microprocesseurs change le substrat même de l'existence humaine et ouvre en réalité des possibilités fabuleuses de libération.

Q. – Je voudrais, pour finir, que vous repreniez la question de l'inconscient et du rapport à Freud.

R. – Le terme d'« inconscient » n'est pas des plus heureux. Le génie de Freud, ou sa folie, c'est d'avoir buté sur l'émergence d'un continent subjectif qui n'avait été exploré que d'assez loin par la philosophie, l'histoire des religions ou la littérature. Par la suite, il a forgé ses instruments théoriques, il a mis au point des techniques d'analyses, encouragé la création d'écoles, d'institutions internationales, de sorte que la question primitivement ouverte s'est vite refermée. Il ne s'agit pas pour moi de savoir si on « garde » Freud, mais de se donner les moyens d'explorer et d'exploiter ce continent sur lequel il a débarqué presque par hasard. Qu'est-ce qui se passe vraiment quand on fait un lapsus, quand on rêve, quand on devient fou de désir, quand on a le sentiment de perdre le monde entier parce que l'être aimé détourne son regard, ou quand on ne reconnaît plus sa propre voix ? Impossible désormais d'évacuer ce genre de questions ! Mais ce que les psychanalystes refusent de voir, c'est que la texture moléculaire de l'inconscient est constamment travaillée par la société globale, c'est-à-dire aujourd'hui par le capitalisme, lequel a découpé les individus en machines partielles assujetties à ses finalités, a exclu ou culpabilisé tout ce qui contrecarrait sa propre fonctionnalité et a fabriqué des enfants soumis, des « Indiens tristes », des réserves de main-d'œuvre, des gens qui sont devenus incapables de parler, de palabrer, de danser, bref, d'ouvrir leur désir sur la vie. Le capitalisme mobilise tout ce qui freine la prolifération et la mise en acte des potentialités inconscientes. En d'autres termes, les antagonismes relevés par Freud, entre les investissements de désir et les investissements sur-moïques, ne relèvent ni d'une topique, ni d'une dynamique, mais d'une politique, d'une micropolitique. La révolution moléculaire commence là : tu es d'abord fasciste ou révolutionnaire avec toi-même, au niveau de ton Surmoi, dans ton rapport au corps, aux sentiments, avec ton mari, ta femme, tes enfants, tes collègues, dans ta façon de porter en toi la justice, l'État, etc. Il existe en continuum entre ces domaines « prépersonnels » et tous les agencements et strates qui « excèdent » l'individu. Cela me fait penser à une conversation que j'ai eue avec Toni Negri, que je viens de visiter dans sa prison au fin fond de l'Italie, à propos de la délation. On se demandait : quelle différence y a-t-il entre Pecci, le brigadiste « repenti », et Curcio ou Moretti, les deux dirigeants purs et durs? Au fond, il n'y en a pas! Ce sont les mêmes qui « parlent » aux flics comme à leur papa et qui jouent les durs, commettent ou commanditent des actes absurdes et suicidaires pour le mouvement (comme ceux qui consistent à assassiner des boucs émissaires ou à les « jambiser »). Les uns et les autres se sont forgé des personnalités militantes en symbiose imaginaire avec la même sorte de conception du monde. Et lorsque des difficultés surgissent, lorsque quelque chose se met en travers de leurs projets, tout s'effondre. Ces gens-là se sont construits autour d'une profonde coupure entre leur « militance » et leur vie; c'est pourquoi ils ont méprisé la créativité du mouvement de 77; c'est pourquoi ils ont œuvré à l'écrasement de mouvements comme ceux de Bologne – bien plus efficacement que tous les Cossiga et les Berlinguer du système. La stratification, la segmentarisation du mouvement, est toujours mortelle : il s'agit au contraire d'inventer une organisation en rhizome, de promouvoir des composantes de passage : il s'agit de pouvoir passer du rêve à la réalité dominante, de la poésie à la science, de la réalité sociale la plus violente aux rapports quotidiens les plus tendres. Le champ de l'inconscient, c'est celui de tous les possibles, dans tous les domaines, celui des connexions et non des séparations, des stratifications et des segmentarités. S'il n'y a pas fusion entre les pratiques analytiques des formations de l'inconscient et les pratiques politiques des formations sociales, alors on reproduira sans cesse les mêmes attitudes, la même grégarité dogmatique, les mêmes hiérarchies, les mêmes rapports d'exclusion et de domination. Mener une action politique devrait, selon moi, devenir synonyme d'entreprise analytique. Et inversement!

1983 – SYSTÈMES, STRUCTURES ET PROCESSUS CAPITALISTIQUES
Félix Guattari-Éric Alliez

La question du capitalisme peut être envisagée
sous de multiples angles, mais ceux de l'économie et
du social constituent en fait un terrain de départ
obligé.

Sous un premier angle, le capitalisme peut être
défini en tant que fonction générale de sémiotisation
d'un mode particulier de production, de circulation
et de distribution. Le capitalisme, la « méthode » du
capital, sera considéré comme un procédé spécifique
de valorisation des marchandises, des biens, des activités et des services, fondé sur des systèmes d'index
et de symbolisation relevant d'une syntaxe particulière
et permettant d'en surcoder et d'en contrôler la
gestion. Cette définition « formaliste » est soutenable
car, bien qu'indissociable de celle des agencements
techniques et socio-économiques auxquels elle se
rapporte, une telle fonction de sémiotisation n'en
possède pas moins une cohérence intrinsèque. De ce
point de vue, les modes d'« écritures » capitalistiques
pourraient être comparés à des corpus mathématiques
dont la consistance axiomatique n'est pas entamée
par les applications qui peuvent en être faites dans

167

des champs extra-mathématiques. Nous nous proposons d'appeler ce premier niveau : *système sémiotique* du capitalisme ou *sémiotique de valorisation capitalistique*.

Sous un deuxième angle, le capitalisme apparaîtra plutôt comme générateur d'un type particulier de rapports sociaux : les lois, les usages, les pratiques ségrégatives passent ici au premier rang. Les procédés d'écriture économique peuvent varier; ce qui prime, c'est la conservation d'un certain type d'ordre social fondé sur la division des rôles entre ceux qui monopolisent les pouvoirs et ceux qui les subissent, et cela aussi bien dans les domaines du travail et de la vie économique, que dans ceux du mode de vie, du savoir et de la culture. Toutes ces divisions, se recoupant avec celles des sexes, des classes d'âge et des races, finissent par constituer, « à l'arrivée », les segments concrets du socius. Ce second niveau sera défini comme *structure de segmentarité* du capitalisme, ou *segmentarité capitalistique*, qui paraît conserver, elle aussi, un certain degré de cohérence interne, quels que soient ses transformations ou les bouleversements que l'histoire lui impose.

Il est clair, toutefois, que le « codage » du capitalisme ne procède pas à partir d'une « table de la loi », définissant une fois pour toutes les rapports interhumains. L'ordre qu'il régit évolue tout autant que ses propres syntaxes économiques. Dans ce domaine comme dans bien d'autres, les influences ne sont pas unilatérales, nous ne sommes jamais en présence d'une causalité à sens unique. Aussi n'est-il pas question de se contenter d'une simple opposition entre ce système sémiotique et cette structure de segmentarité. Ces deux aspects vont de pair et leur distinction ne trouvera sa pertinence que dans la mesure où elle permettra d'éclairer les interactions que l'une et l'autre entretiennent avec un troisième niveau, tout aussi fondamental : celui des *processus de production*. Précisons d'emblée que, dans la perspective présente, ce dernier niveau ne devra pas être identifié avec ce que les marxistes appellent « rapport de production » ou « rapports économiques d'infrastructure ». Sans doute notre catégorie de production est-elle incluse dans celle du marxisme, mais elle la déborde largement dans les domaines, infiniment extensibles, des machines concrètes et abstraites. Ces composantes processuelles devront donc englober aussi bien des forces matérielles, du travail humain, des rapports sociaux, que des investissements de désir. Pour le cas où l'agencement de ces composantes aboutira à un enrichissement de leurs potentialités – le tout excédant la somme des parties –, ces interactions processuelles seront dites diagrammatiques et on parlera alors de plus-value machinique.

Demeure-t-il légitime, dans ces conditions, de continuer à parler du capitalisme comme d'une entité générale ? Quelle est la place de l'histoire dans le capitalisme ? Le seul élément de continuité historique qui paraît pouvoir caractériser ses avatars serait précisément ce caractère processuel de sa sphère de production, au sens très large précédemment avancé. On peut « retrouver » du capitalisme en tous lieux et en tous temps, dès qu'on le considère soit du point de vue de l'exploitation de classes prolétaires, soit de la mise en œuvre de moyens de sémiotisation économique facilitant l'essor de grands marchés (monnaies scripturales, monnaies fiduciaires, monnaies de crédit, etc.). Il n'en demeure pas moins que les capitalismes des trois derniers siècles n'ont véritablement « décollé » qu'à partir du moment où les sciences, les techniques industrielles et commerciales, et le socius ont irréversiblement noué leur sort les uns aux autres, au sein d'un même processus de transformation généralisée (processus combiné de déterritorialisation). Et tout porte à croire qu'en l'absence d'un tel « nœud machinique », d'une telle prolifération de la « mécanosphère », les sociétés, au sein desquelles les formules capitalistiques se sont développées, eussent été incapables de surmonter les traumatismes majeurs occasionnés par les crises et les guerres mondiales, et eussent certainement terminé leur carrière dans les mêmes types d'impasses que connurent certaines grandes civilisations : une agonie interminable ou une mort soudaine, « inexplicable ».

Le capitalisme représenterait donc une forme paroxystique d'intégration de divers types de machinismes : machines techniques, machines d'écriture économique, mais aussi machines conceptuelles, machines religieuses, machines esthétiques, machines perceptives, machines désirantes... Son mode de sémiotisation – la méthode du capital – constituerait tout à la fois une sorte d'ordinateur collectif [1] du socius et de la production, et une « tête chercheuse » des innovations adaptées à ses pulsions internes. Dans ces conditions, sa matière première, sa nourriture de

---

1. Oskar Lange compare le marché capitaliste à un « proto-ordinateur ». Cité par Fernand Braudel, *Civilisation matérielle, économie et capitalisme,* tome II, p. 192, Éd. Armand Colin, Paris, 1979.

base, ne serait pas directement le travail humain ou le travail machinique, mais l'ensemble des *moyens de pilotage sémiotique* relatifs à l'instrumentation, à l'insertion dans le socius, à la reproduction, à la circulation des multiples composantes concernées par ce processus, d'intégration machinique. Ce que capitalise le capital, c'est du pouvoir sémiotique. Mais pas n'importe quel pouvoir – car à ce compte, il n'y aurait pas lieu de le démarquer des formes antérieures d'exploitation –, un pouvoir sémiotique déterritorialisé. Le capitalisme confère à certains sous-ensembles sociaux une capacité de contrôle sélectif du socius et de la production par le biais d'un système de sémiotisation collective. Ce qui le spécifie historiquement, c'est qu'il ne s'efforce de contrôler que les diverses composantes qui concourent au maintien de son caractère processuel. Le capitalisme ne tient pas à exercer un pouvoir despotique sur *tous* les rouages de la société. Il est même indispensable à sa survie qu'il parvienne à y aménager des marges de liberté, des espaces relatifs de créativité. Ce qui lui importe prioritairement, c'est la maîtrise des rouages sémiotiques essentiels aux agencements productifs clés et tout spécialement de ceux qui sont impliqués dans des processus machiniques évolutifs (les agencements de puissance machinique). Sans doute est-il amené, par la force de l'histoire, à s'intéresser à tous les domaines du social – l'ordre public, l'éducation, la religion, les arts, etc. –, mais originairement ce n'est pas son problème : il est, d'abord et d'un seul tenant, *mode d'évaluation* et *moyen technique de contrôle* des agencements de puissance et des formations de pouvoir qui leur correspondent.

Tout son « mystère » tient à ce qu'il parvient ainsi à articuler, au sein d'un même système général d'inscription et de mise en équivalence, des entités à première vue radicalement hétérogènes : des *biens* matériels et économiques, des *activités* humaines individuelles et collectives, et des *processus* techniques, industriels et scientifiques. Et la clé de ce mystère réside dans le fait qu'il ne se contente pas d'étalonner, de comparer, d'ordonner, d'informatiser ces multiples domaines, mais, qu'à l'occasion de ces diverses opérations, il extrait de chacun d'eux une seule et même *plus-value machinique ou valeur d'exploitation machinique.* C'est sa capacité à recentrer, à travers le même système de sémiotisation, les valeurs machiniques les plus hétérogènes, qui confère au capitalisme sa prise, non seulement sur les machines matérielles de la sphère économique (artisanale, manufacturière, industrielle...), mais également sur les machines immatérielles œuvrant au cœur des activités humaines (productives-improductives, publiques-privées, réelles-imaginaires...).

Chaque marché économique « manifeste » se déploie ainsi parallèlement à divers champs « latents » de valeurs machiniques, de valeurs de désir, de valeurs esthétiques, etc., qu'on pourrait qualifier de valeurs de contenu. La valorisation économique consciente et « plate » se trouve ainsi doublée par des modes de valorisation « profonds » et relativement inconscients, si on les compare aux systèmes de valorisation échangistes explicites. Mais le fait que ces valeurs de contenu soient amenées, dans le cadre de rapports de production donnés, à « rendre des comptes » aux valeurs économiques formelles n'est pas sans inci-

172

dence sur leur organisation interne. Elles se trouvent, inscrites dans la logique de l'équivalence, constituées en marché général de valeurs de référence. La valeur d'usage est attirée dans l'orbite de la valeur d'échange, – jusqu'à être produite par cette dernière comme nature (structurée par le travail)... Avec l'autonomie de la valeur d'usage disparaît *ex abrupto* l'impératif catégorique de sa réappropriation révolutionnaire en tant qu'élément de crise endogène.

Au terme de ce processus d'intégration, la valorisation capitalistique s'instaure à partir d'une double articulation avec :

– le marché général des valeurs économiques formelles,

– le marché général des valeurs machiniques.

C'est de ce système de double marché que s'origine le caractère essentiellement inégalitaire et manipulatoire de toute opération d'échange dans un contexte capitalistique. Il tient à la nature même du mode de sémiotisation des agencements capitalistiques qui, en dernière instance, procède toujours à partir d'opérations contradictoires :

1. de mise en communication et de mise en équivalence formelle de domaines hétérogènes, de puissances et de pouvoirs asymétriques;

2. de délimitation de territoires clôturés (régimes de droit de propriété) et d'instauration d'une segmentarité sociale fondée sur la programmation des affectations de biens et de droits, et également sur la définition des modes de sensibilité, des goûts, des choix « inconscients » propres aux divers groupes sociaux.

Nous voilà confrontés à un nouveau type de

difficulté. Nous sommes menacés, à présent, de ne plus parvenir à nous dégager d'une simple opposition entre forme économique et contenu machinique, et nous encourons le risque d'hypostasier une nécessité historique dans l'engendrement des processus de valorisation (les agencements de valorisations « précapitalistes » se trouvant dans l'attente d'être surcodés par une valorisation capitaliste déterritorialisante, tandis que les valeurs machiniques de contenu, par leurs spécificités qualitatives, leur hétérogénéité, le caractère inégalitaire de leurs rapports, apparaîtraient comme des résidus territorialisés d'un mouvement de valorisation essentiellement quantificateur, homogénéisant et « égalitarisant »). S'il est vrai, comme Fernand Braudel l'a montré [1], que le caractère foncièrement inégalitaire des marchés capitalistes était beaucoup plus visible, beaucoup moins « apprêté » à l'époque des *économies-mondes* centrées autour de villes telles que Venise, Anvers, Gênes, Amsterdam, qu'à celle des marchés mondiaux contemporains, ces derniers ne sont pas devenus pour autant des surfaces d'inscription économiques transparentes et neutres. Il

---

1. Selon Fernand Braudel, les proto-marchés capitalistes se déployaient en zones concentriques à partir de métropoles détentrices de clés économiques permettant de capter l'essentiel des plus-values, tandis que, vers leur périphérie, ils tendaient vers une sorte de « degré zéro », du fait de la léthargie des échanges et du faible niveau des prix qui y régnait. Fernand Braudel considère que chaque économie-monde était nécessairement centrée sur une ville-monde unique. Mais peut-être sur ce point est-il un peu trop systématique. Ne peut-on faire l'hypothèse que les processus urbains et capitalistiques ne sont pas développés selon un modèle monocentré, mais selon un *rhizome multipolaire* d'« archipels de villes » ?

est manifeste, au contraire, que l'exploitation du tiers monde, par exemple, ne relève nullement d'échanges égalitaires, mais plutôt de méthodes de pillage « compensées » par l'exportation de verroteries technologiques et de quelques gadgets de luxe destinés à la consommation d'une poignée de privilégiés autochtones. Ce qui n'empêche pas « nouveaux économistes » et « néolibéraux » de prêcher les vertus salvatrices du marché capitaliste, en tous lieux et en toutes situations!

Selon eux, seul celui-ci serait capable de garantir un arbitrage optimal de coût et de contrainte [1]. Les plus réactionnaires des économistes paraissent ainsi avoir intériorisé une vision dialectique inversée des progrès de l'histoire. Les pires aberrations faisant désormais partie de la nécessité historique, il conviendrait de s'y jeter sans réserve. L'économie de marché serait le seul système qui permette d'assurer une *mobilisation* optimale de l'ensemble des informations nécessaires à la régulation des sociétés complexes. Le marché, explique Hayek [2], n'est pas seulement une machinerie anonyme permettant l'échange des biens et des services ou un « mécanisme statique de répartition des pénuries », mais avant tout un instrument dynamique de production et de diffusion des connaissances disséminées dans le corps social. Au terme de ce raisonnement, c'est l'idée même de « liberté » qui sera rabattue sur la notion d'information et qui dépendra d'une approche de type « cybernétique ». À

---

1. Cf. Henri Lepage, *Demain le capitalisme,* Livre de poche, p. 419.

2. *Individualism and Economic Order,* Routledge and Keagan Paul, Londres, 1949.

suivre Vera Lutz [1], c'est « l'imperfection de l'information qui donne au capitalisme sa raison d'être fondamentale, en tant que système d'organisation sociale. Si l'information était parfaite, il n'y aurait pas besoin de capitalistes; nous pourrions tous être, sans inconvénient, socialistes ». L'inégalité des échanges, selon les tenants de ce genre de théorie, ne tiendrait, en fin de compte, qu'à des « imperfections » des structures de *coût de l'information* dans les sociétés [2]. Encore un effort sur les coûts et tout finira par s'arranger! Et pourtant, il est évident que, bien ou mal informé, le tiers monde n'« échange » pas véritablement son travail et ses richesses contre des caisses de Coca-Cola ou même des barils de pétrole. Il est agressé et saigné à mort par l'intrusion des économies dominantes. Et il en va de même, quoique

1. Vera Lutz, *Central Planning for the Market Economy*, Longmans, Londres, 1969.
2. À l'inverse de ce que proclament les théoriciens du *public choice*, l'accroissement de l'information dans ce domaine – en particulier de l'information mass média régie par le système – ne peut qu'accentuer les effets inégalitaristes de ces techniques d'intégration. Le projet qui consistait à vouloir « compléter la théorie de la production et de l'échange des biens ou services marchands par une théorie équivalente et, autant que possible, compatible du fonctionnement des *marchés politiques* » (James Buchanan) partait peut-être de bonnes intentions, mais le moins que l'on puisse dire, c'est qu'il est incomplet et qu'il a mal tourné (cf. à ce propos les exploits ravageurs au Chili de Pinochet, des *Chicago boys* de Milton Friedman). Les marchés économiques, politiques et institutionnels sont une chose, les marchés machiniques et libidinaux en sont une autre. Et c'est uniquement du côté de ces derniers que l'on peut parvenir à saisir les ressorts essentiels de la valorisation sociale et de la créativité machinique.

dans d'autres proportions, avec les tiers et les quarts mondes internes aux pays nantis.

Le caractère inégalitaire des marchés capitalistes n'est absolument pas un trait d'archaïsme, un résidu historique. La présentation pseudo-égalitaire des « échanges » sur le marché mondial ne résulte pas plus d'un défaut d'information que d'un maquillage idéologique des procédés de sujétion sociale. Elle est le complément essentiel des techniques d'intégration de la subjectivité collective en vue d'obtenir d'elle un consentement libidinal optimal, voire une soumission active aux rapports d'exploitation et de ségrégation. Au regard des valeurs machiniques et des valeurs de désir, la pertinence de la distinction entre les biens et les activités paraît devoir s'estomper. Dans un certain type d'agencement, les activités humaines, dûment contrôlées et pilotées par le socius capitalistique, engendrent des biens machiniques actifs, tandis que l'évolution d'autres agencements fait perdre toute actualité économique à certains biens, qui voient ainsi leur « virulence machinique » se dévaluer. Dans le premier cas, un pouvoir d'activité (un « actif » de pouvoir) se transforme en *puissance machinique* hautement valorisable; dans le second cas, une puissance machinique (un « actif » de puissance) bascule du côté de *pouvoirs formels* nous faisant dériver hors des réalités historiques. Il nous faudra donc faire tenir ensemble les trois composantes systémiques, structurales et processuelles du capitalisme, n'accordant à aucune d'elles de priorité sur les autres que contingente.

Les formules d'évaluation que les économistes

présentent généralement comme exclusives [1] n'ont, en fait, jamais cessé de se côtoyer – soit en se concurrençant, soit en se complétant – dans l'histoire économique réelle [2]. Aussi n'y a-t-il pas lieu de chercher à qualifier chacune d'elles de façon univoque. Leurs différentes formes d'existence (valorisation commerciale, industrielle, financière, monopolistique, étatique ou bureaucratique) sont le résultat de la mise au premier plan de telle ou telle de leurs composantes fondamentales, « sélectionnées » au sein d'un même éventail de base, qui a été réduit, dans la présente « cartographie », à trois termes :

– les *processus* de production machinique,
– les *structures* de segmentarité sociale,
– les *systèmes* sémiotiques économiques dominants.

À partir de ce modèle minimum – nécessaire, mais à peine suffisant, car on n'a jamais affaire à des composantes simples, mais à des faisceaux de composantes, eux-mêmes structurés selon leurs propres axes

1. Sur ces modes d'évaluation du capital, cf. Alain Cotta, *Théorie générale du capital, de la croissance et des fluctuations,* Paris, 1967 ; et *Encyclopedia Universalis,* entrée « Capital ».

2. Exemples de complémentarité :
– le fait que le proto-capitalisme des XVᵉ et XVIᵉ siècles, bien qu'à dominance marchande et financière, soit devenu industriel dans certaines circonstances : cf. le redressement d'Anvers par l'industrialisation, évoqué par Fernand Braudel, déjà cité, tome III, p. 127.
– le fait qu'une économie de marché, quel que soit son « libéralisme » apparent, ait toujours comporté une certaine dose d'intervention étatique ou qu'une planification « centralisée » (exemple : les plans staliniens) ait toujours préservé un minimum d'économie de marché, soit au sein de sa sphère d'influence, soit dans son rapport au marché mondial.

de priorité –, examinons à présent l'étrange « chimie générative » des agencements de valorisation économique résultant d'une combinatoire possible des priorités entre ces composantes de base.

Dans le tableau suivant des agencements de valorisation capitalistique, on relèvera que :

1. les structures de segmentarité sociale seront uniquement considérées sous l'angle de la problématique économique de l'*État* (analyse des conséquences d'une gestion centraliste d'une part importante des flux économiques – repérable au sein de la comptabilité nationale – sur la stratification des rapports segmentaires);

2. les systèmes de sémiotisation économique ne seront considérés que sous l'angle de la problématique de *marché* (au sens large, précédemment évoqué, de marchés des biens, des hommes, des idées, des fantasmes...);

3. les processus productifs ne seront pas autrement spécifiés.

L'objet de ce tableau, soulignons-le, n'est aucunement de présenter une typologie générale des formes historiques du capitalisme, mais uniquement de montrer que le capitalisme ne s'identifie pas à une formule unique (par exemple, celle de l'économie de marché). On pourrait le complexifier et l'affiner en faisant entrer des composantes internes à chaque faisceau, dont les cloisons ne sont nullement étanches (il y a de la « production machinique » au sein des rouages sémiotiques du marché et au sein de l'État – par exemple dans les équipements collectifs et les médias; il y a du « pouvoir d'État » au cœur des syntaxes économiques les plus libérales; en outre, ces dernières

179

ne cessent de jouer un rôle déterminant au sein des sphères productives...). Ce schéma n'est ici proposé que pour tenter de mettre en relief certaines corrélations entre des systèmes en apparence fort éloignés les uns des autres, mais s'inscrivant dans le même sens (ou le même contresens) de l'histoire.

D'une façon générale :

1. de la primauté des composantes productives dépendra la capacité des agencements considérés à assumer les bouleversements historiques majeurs ou leur capacité à piloter des « processus loin des équilibres historiques »;

2. de la primauté des composantes de segmentarité sociales (axiomes de stratification clanique, ethnique,

LES SIX FORMULES D'AGENCEMENT
DE VALORISATION CAPITALISTIQUE
(Les priorités entre les composantes sont indiquées par des flèches.)

ORDRE DES PRIORITÉS			EXEMPLES
a) État	→ Production	→ Marché	*Mode de production asiatique* [1]
			Économie de guerre de type nazi
b) Marché	→ Production	→ État	*Proto-capitalisme commercial*
			Économies-mondes (centrées sur un réseau de villes [2])
c) Marché	→ État	→ Production	*Capitalisme libéral*
d) Production	→ État	→ Marché	*Économie monopoliste coloniale*
e) Production	→ Marché	→ État	*Capitalisme mondial intégré*
f) État	→ Marché	→ Production	*Capitalisme d'État* (du type U.R.S.S.)

1. Exemple : la Chine des IIe et IIIe siècles av. J.-C. Cf. *Sur le mode de production asiatique,* Éd. sociales, Paris 1969.

2. Exemples : Venise, Anvers, Gênes, Amsterdam entre le XIIIe et le XVIIe siècle.

religieuse, urbanistique, des castes, des classes, etc.) dépendra leur degré de résistance au changement;

3. du caractère plus ou moins innovateur de leurs sémiotiques de valorisation (le fait que celles-ci soient capables ou non de s'adapter, de s'enrichir par de nouveaux procédés : leur degré de « diagrammaticité ») dépendra leur puissance d'intégration, leur capacité à « coloniser » non seulement la vie économique, mais aussi la vie sociale, la vie libidinale – en d'autres termes, leur possibilité de transformer le socius, de l'asservir au phylum machinique.

Le fait que le « sens de l'histoire » soit rapporté ici au phylum évolutif de la production n'a pas nécessairement pour conséquence, remarquons-le, une finalisation de cette histoire sur des objectifs transcendants. L'existence d'un « sens machinique » de l'histoire n'empêche nullement celle-ci de « partir dans tous les sens ». Le *phylum machinique* habite et oriente le *rhizome historique* du capitalisme, sans jamais maîtriser son destin, lequel continue de se jouer, à part égale, avec la segmentarité sociale et l'évolution des modes de valorisation économique.

Reprenons ces diverses formules de priorités :

1. Les priorités du marché

– La priorité b, reléguant la question de l'État au troisième rang, celle, par exemple, du *proto-capitalisme commercial* du XIIᵉ au XIIIᵉ siècle, peut être illustrée par le fait que les questions d'État passaient tellement derrière les intérêts commerciaux pour les marchands des Provinces-Unies hollandaises au

XVIIᵉ siècle, que personne n'était vraiment scandalisé que ceux-ci alimentent en armes leurs ennemis portugais ou français [1]. Elle noue un problème spécifique avec l'élargissement et la consolidation du capitalisme à l'ensemble de la société à travers une sorte d'efflorescence baroque de toutes les sphères productives, culturelles et institutionnelles.

Le phénomène du crédit – via le négoce des lettres de change qui plonge ses racines dans le commerce international – a constitué l'« embrayeur » d'une telle efflorescence. À noter que le droit médiéval a vainement cherché à entraver la libre circulation des effets de commerce, cette pratique se heurtant à l'hostilité des pouvoirs publics qui veulent stabiliser les changes et contrôler la circulation monétaire. C'est toute l'histoire de la « guerre de l'endossement » déclenchée par ces marchands-banquiers qui étendaient, de fait, à la lettre de change (monnaie scripturale) ce qui était déjà admis pour les cédules (monnaie fiduciaire) : *le droit au transfert* (les cédules circulaient, en effet, par simple remise, tandis que les lettres de change n'étaient pas, en droit, librement transférables). La réponse, pour se faire attendre, n'en fut pas moins claire, à défaut d'être décisive : à Venise par exemple, interdiction fut faite aux comptables du Banco del Giro, par décret du 6 juillet 1652, de passer des écritures de virement aux fins de payer des lettres de change endossées. Ce fait resterait marginal s'il n'était symptomatique du retard et de l'incapacité des structures (para)-étatiques à contrôler les flux monétaires capitalistiques. En 1766, Accarias

1. Cf. Fernand Braudel, tome III, p. 172-173.

de Serionne écrivait encore : « Que dix ou douze négociants d'Amsterdam de la première classe se réunissent pour une opération de banque, ils peuvent dans un moment faire circuler dans toute l'Europe pour plus de deux cent millions de florins de papier-monnoye préférés à l'argent comptant. Il n'y a pas de Souverain qui puisse en faire autant. [...] Ce crédit est une puissance que les dix ou douze négociants exerceront dans tous les États de l'Europe avec une indépendance absolue de toute autorité [1]. »

– La priorité c, reléguant la question de la production au troisième rang, celle, par exemple, du *libéralisme « sauvage » du capitalisme du XIXᵉ siècle*, noue un problème historique spécifique avec la constitution d'États territorialisés modernes. Paradoxalement, le libéralisme s'est toujours plus préoccupé de la constitution d'un appareil d'État que d'un essor généralisé de la production.

Si l'on retient des analyses de Habermas qu'il n'existe peut-être d'« idéologie à proprement parler qu'à cette époque [2] », on comprend mieux que, loin de couronner l'édifice libre-échangiste, la loi Say – la théorie de l'équilibre général – en représente plutôt le soubassement *juridique;* elle « jette le couteau à la mer » et fait disparaître le corps du délit dans le travail de sa fiction. *Jurisdictio* d'une représentation algébrique, linéaire et exclusive : combinez donc

1. *Ibid.*, III, p. 207. Et Fernand Braudel d'ajouter, magnanime : « Les sociétés multinationales aujourd'hui ont, on le voit, des ancêtres. »

2. J. Habermas, *L'Espace public, archéologie de la publicité comme dimension constitutive de la société bourgeoise,* Payot, Paris, 1978, p. 98.

surexploitation du potentiel productif, mobilisation générale de la force de travail, accélération de la vitesse de circulation des marchandises, des hommes, du capital, et vous obtiendrez un équilibre automatique de l'offre et de la demande, vérifiant ainsi l'autorégulation de l'ensemble du système... « Mais à la condition qu'il n'y ait aucune ingérence autre qu'économique au sein des échanges [1]. » On voit qu'il a fallu une conjonction historique singulière pour qu'ait pu s'énoncer le rêve libéral d'une société libre de toute intervention émanant d'un quelconque pouvoir! Car l'équilibre de la libre concurrence, c'est un peu cela : la puissance moins le pouvoir. Sans l'affirmation (du réel) de cette distinction, jamais la formule de Hobbes n'aurait abouti au pénible renversement que l'on sait – *veritas non auctoritas facit legem.* Vérité d'une puissance, l'Angleterre, qui domine suffisamment par son potentiel industriel les circuits marchands pour jouer gagnant la rétrocession au second plan des aspects politiques de la richesse nationale. Et encore... (L'abrogation de la loi anglaise limitant les importations de blé ne date, après tout, que de la seconde moitié du XIXe siècle.) En fait, l'essence du libéralisme est dans le mouvement inverse, inséparable

1. Habermas, *op. cit.,* p. 89. M. Aglietta rapporte à juste titre la théorie économique classique (et néoclassique) à une construction théologique « purement interne au monde des idées, d'autant plus coupée de toute réalité qu'elle est plus stricte ». Tel serait le destin de la théorie de l'équilibre général, si « le but de la théorie est d'exprimer l'essence en la dépouillant de toute contingence; les institutions, les interactions sociales, les conflits... sont des scories dont il faut se débarrasser pour trouver le comportement économique à l'état pur. » M. Aglietta, *Régulation et crises du capitalisme,* Calmann-Lévy, Paris, 1976, p. 12.

de cette équivalence de contenu qui traduit l'utopie de l'absence du pouvoir en termes d'affirmation de surpuissance : la *veritas* ne se fait *ratio* (le postulat d'homogénéité, l'équilibre général, tenant désormais leur légitimité d'un ordre « naturel » qu'ils manifestent) que si elle entre dans un rapport essentiel avec une rationalisation constante de la domination. Ce qui, plus prosaïquement, revient à dire que l'État a « toujours été au moins aussi fort que l'exigeait la situation sociale et politique [1] ». Traduction à peine corrigée de la célèbre sentence de Hobbes : *Wealth is power and power is wealth...*

L'existence d'un grand marché implique une régulation centrale – si souple soit-elle – qui lui est absolument nécessaire. Le « téléguidage » de la production à partir d'un marché proliférant est complémentaire des interventions et des arbitrages des États territorialisés, faute desquels le système se heurterait à ses propres limites. Il se révélerait, en particulier, incapable de produire des équipements de base (équipements d'infrastructures, services publics, équipements collectifs, équipements militaires, etc.).

2. Les priorités de l'État

– La priorité a, reléguant la question du marché au troisième rang, celle, par exemple, du *mode de production asiatique* ou de *l'économie de guerre de type nazi* (travail forcé, rôle relativement secondaire de

1. F. Neumann, *Der Funktionswandel des Gesetzes im Recht der jüngerlichen Gesellschaft*, cité par Habermas.

l'économie monétaire, incarnation de la toute-puissance de l'État dans un pharaon ou un Führer, etc.) noue des problèmes historiques spécifiques :

1. avec la gestion de l'accumulation du capital. La plus-value doit s'accumuler en priorité sur le pouvoir d'État et sur sa machine militaire; la croissance des pouvoirs économiques et sociaux des diverses couches aristocratiques doit être limitée, car, à terme, elle menacerait la caste au pouvoir; elle déboucherait sur la constitution de classes sociales. Dans le cas des empires « asiatiques », cette régulation peut s'effectuer par arrêt de la production [1], par consomption sacrificielle massive, constructions somptuaires, consommation de luxe, etc. Dans le cas des régimes nazis, par des exterminations internes et la guerre totale;

2. avec les intrusions machiniques extérieures, spécialement les innovations en matière de techniques militaires que les États ne parviennent pas à adopter à temps, du fait de leur conservatisme, de leur difficulté à laisser se développer toute initiative créatrice. (Certains empires asiatiques ont été liquidés en l'espace de quelques années par des machines de guerre nomades porteuses d'une innovation militaire.)

– La priorité f, reléguant la question de la production au troisième rang, celle, par exemple, des *capitalismes d'État de type soviétique* (formules staliniennes de planisme, etc.) dont les affinités avec le mode de production asiatique ont été maintes fois soulignées. Le modèle chinois, tout au moins celui de la période maoïste, par ses méthodes d'asservissement massif de

---

1. Étienne Balazs, *La Bureaucratie céleste,* Gallimard, Paris, 1968.

la force collective de travail, s'apparente peut-être plus à la formule a qu'à la formule f. Elle noue un problème historique spécifique avec la question des instruments de sémiotisation économiques, en particulier avec l'instauration de marchés non seulement des valeurs économiques, mais aussi des valeurs de prestige, d'innovation et de désir. Dans ce genre de système, le dérèglement des systèmes de marché, conjugué avec une hyperstratification de la segmentarité sociale, est corrélatif d'une gestion autoritaire qui ne peut subsister que dans la mesure où sa sphère d'influence n'est pas trop exposée aux influences extérieures, aux concurrences des autres branches du phylum machinique productif. Ainsi, à terme, le système du goulag n'est-il tenable que pour autant que l'économie soviétique continuera de geler partiellement les agencements innovateurs dans les domaines technologiques, scientifiques et culturels avancés. Cette problématique se prolonge dès lors par celle de revendications relatives à une démocratisation de l'appareil de gestion social-sémiotique du système. (Exemple : les luttes « autogestionnaires » des ouvriers polonais.)

3. Les priorités de production

– La priorité d, reléguant la question du marché au troisième rang, celle, par exemple, de l'*exploitation impérialiste classique,* constitue une forme d'accumulation annexe aux grandes entités capitalistes sans support machinique marquant et « sans souci » des effets de désorganisation sur le socius colonisé. Le monopolisme commercial de la périphérie tend à favoriser les tendances du capitalisme monopoliste au sein des métropoles et à renforcer les pouvoirs d'État. Elle noue une question historique spécifique avec la reconstitution du socius dévasté des colonies, y compris par la création d'États sous les formes les plus artificielles.

– La priorité e, reléguant la question de l'État au troisième rang, celle, par exemple, du *capitalisme mondial intégré*, s'instaure « au-dessus » et « au-dessous » des rapports segmentaires capitalistes (c'est-à-dire à un niveau à la fois mondial et moléculaire) et à partir de moyens sémiotiques d'évaluation et de valorisation du capital tout à fait nouveaux de par leur capacité accrue d'intégration machinique de l'ensemble des activités et des facultés humaines.

En principe, « la société entière devient productive : le temps de production est le temps de la vie ». Mais, en simplifiant beaucoup, nous pouvons dire que cette emprise maximale du capital sur le socius ne s'établit que sur la conjonction entre intégration machinique et reproduction sociale – cette dernière résultant d'ailleurs d'une reterritorialisation machinique complexe et conservatrice, sinon des termes exacts de la ségrégation sociale, du moins de ses axiomes essentiels : hiérarchiques, racistes, sexistes, etc. Nous parlerons ici de capital social-machinique et c'est ce qui nous conduit à prendre assez au sérieux l'essor de la pensée néolibérale à partir de l'intrusion de la théorie de l'information dans la sphère économique. Quand l'information prétend passer au premier rang dans la machine sociale, il apparaît, en effet, qu'elle cesse d'être liée à l'organisation simple de la sphère de la circulation, pour devenir, à sa façon, facteur de production. De l'information comme facteur de production... voilà la dernière formule de décodage du socius par la formation d'un capital cybernétique. Ce n'est plus l'âge du schématisme transcendantal à la Keynes (fondation d'un nouvel espace et d'un nouveau temps de la production à partir d'un investissement de la médiation étatique comme fonction de recherche de l'équilibre); la circulation ne sera plus seulement vecteur de validation sociale des plus-values de pouvoir : elle devient immédiatement production-reterritorialisation-capitalisation des plus-values machiniques, en prenant la forme du téléguidage du contrôle de la reproduction segmentarisée du socius. Le capital semble dès lors opérer sur « une totalité sans genèse, sans contradictions, sans procès. Analytique de la totalité où la totalité est le présupposé » [1], elle-même indissociable d'un discours totalitaire qui trouve sa forme d'expression dans le cynisme de la « nouvelle économie ». Il faudrait d'ailleurs dire que la théorie néolibérale n'a pas de contenu, hors ce cynisme consubstantiel à la volonté d'affirmer la production pour la production, finalement dans son acception la plus classique (c'est dans ce cadre qu'il faudrait inscrire l'incroyable augmentation des dépenses américaines concernant la recherche militaire). D'où une restructuration de l'espace productif qui ne sera plus considérée de manière ponctuelle, en fonction des nécessités de l'intégration des nouvelles « donnes » planétaires : la restructuration permanente est devenue la règle du

1. Antonio Negri. « Macchina tempo », Feltrinelli Milan 1982.

processus capitaliste lui-même, et la crise, la forme même de la circulation. « La restructuration n'est pas une règle de phase, mais une opération à développer en toute phase, durant tous les moments du procès social. Il n'y a que la crise pour permettre un tel degré de fusion intégrative entre production et circulation, production et information, production et resegmentarisation du socius, et réaliser l'« intention » expansive d'un capital désenclavé accédant à une fluidité synergique maximisée.

Cette « fluidité » peut être vérifiée à un double niveau :

1. celui de l'usine mobile : c'est par le biais de la circulation que seront réalisées ces « pseudo-marchandises » qui ne sont plus qu'indirectement des produits du travail (les conditions sociales de la production étant passées sous la domination de l'organisation de l'information, le procès de travail n'est plus qu'un simple élément du procès de valorisation). Comme le montre bien J.-P. de Gaudemar, « toute unité productive tend ainsi à apparaître comme nœud d'un réseau fluide, nœud de connexions ou de ruptures temporaires des flux, mais qui ne peut être analysé que relativement à son appartenance à ce réseau »[1]. La gestion de l'espace productif passe par l'aménagement de sa fluidité optimale (le travail précaire étant, bien sûr, partie prenante de ce dernier qualificatif...);

2. de l'État territorial à l'État « mobile » (plus

1. Jean-Paul de Gaudemar, « Naissance de l'usine mobile » in *Usine et Ouvrier, figure du nouvel ordre productif*, Maspero, Paris 1980, p. 24.

190

connu, selon la terminologie libérale, sous le nom d'« État minimum »...) : non plus concepteur et défenseur d'un espace national original de valorisation, mais promoteur d'une participation élargie à l'espace transnational de valorisation, passage, en quelque sorte, de la mécanique contractuelle à la thermodynamique du rééquilibrage « loin de l'équilibre »...

La question historique spécifique au capitalisme mondial intégré (C.M.I.) concerne les limites potentielles de sa puissance intégrative. Il n'est pas évident, en effet, qu'il parvienne indéfiniment à innover et à récupérer les techniques et les subjectivités. Il convient, à nouveau, de souligner ici que le C.M.I. n'est pas une entité se suffisant à elle-même. Bien que se présentant aujourd'hui comme « le stade suprême du capitalisme », il n'est, après tout, qu'une formule capitalistique parmi d'autres. Il s'accommode d'ailleurs de la survivance de larges zones d'économie archaïque : il vit en symbiose avec des économies libérales et coloniales de type classique, il coexiste avec des économies de type stalinien... Relativement progressiste dans le domaine des mutations technico-scientifiques, il est foncièrement conservateur dans le domaine social (non pour des raisons idéologiques, mais pour des raisons fonctionnelles). Aussi est-on en droit de se demander si l'on n'a pas affaire ici à une de ses contradictions insurmontables. Les capacités d'adaptation et de reconversion des agencements d'énonciation économique du C.M.I. trouveront peut-être leur limite avec le renouvellement de la capacité de résistance de l'ensemble des couches sociales qui refusent ses finalités « unidimensionnalisantes ». Certes, les contradictions internes du C.M.I. ne sont pas telles qu'il doive inéluctablement en succomber. Mais sa maladie n'en est peut-être pas moins mortelle : elle résulte du cumul de toutes les crises latérales qu'il engendre. La puissance de reproduction du C.M.I. paraît inexorable; mais elle heurte tant de modes de vie et de valorisation sociale, qu'il ne semble nullement absurde d'escompter que le développement de nouvelles réponses collectives – de nouveaux agencements d'énonciation, d'évaluation et d'action –, issues des horizons les plus divers, parviennent finalement à la destituer. (Apparition de nouvelles machines de guerre populaire du type Salvador; luttes autogestionnaires dans les pays de l'Est; luttes d'autovalorisation du travail de style italien; multitude de vecteurs de révolution moléculaire dans toutes les sphères de la société.) À notre sens, c'est uniquement à travers ce type d'hypothèses que pourra être appréciée la redéfinition des objectifs de transformation révolutionnaire de la société.

1983 – LA PSYCHANALYSE
DOIT ÊTRE EN PRISE DIRECTE
AVEC LA VIE

L'Anti-Œdipe avait fait un peu de bruit par ses critiques assez dures contre le « familialisme » de la psychanalyse. Maintenant, au bout de dix ans, c'est devenu banal. Presque tout le monde s'est aperçu qu'il y avait quelque chose qui clochait de ce côté-là. J'ai du respect pour Freud, pour ce qu'il représente ; ce fut un extraordinaire créateur. Ses coups de génie et de folie l'ont rejeté, durant de longues périodes de sa vie, en marge de l'opinion scientifique et médicale, et cependant il a réussi à attirer l'attention sur des faits subjectifs jusqu'alors méconnus. Mais ses successeurs, tout particulièrement le courant structuraliste lacanien, ont transformé la psychanalyse en culte et la théorie psychanalytique en une sorte de théologie, célébrés par les sectes maniérées et prétentieuses qui n'ont cessé de proliférer. À l'époque où j'étais à l'École freudienne, j'ai été frappé du décalage saisissant entre la sophistication des propos théoriques qui s'y tenaient et la façon dont les gens se comportaient sur le terrain clinique. Ceux qui tenaient les discours les moins reluisants, les moins « tape-à-l'œil », avaient pourtant quelquefois une pratique relativement raisonnable, tandis qu'inversement les discoureurs les plus distingués, qui s'appliquaient à singer le « Maître », se comportaient souvent comme de véritables irresponsables dans leurs cures. Ce n'est pas rien de prendre en charge quelqu'un, d'engager son destin, tout en courant le risque que cela n'aboutisse qu'à une impasse! Il y a des gens qui viennent vers vous dans un complet désarroi, qui sont donc très vulnérables, très suggestibles et que vous pouvez embarquer dans des rapports de transfert dangereusement aliénants. C'est d'ailleurs un phénomène qui ne concerne pas seulement la psychanalyse. On connaît bien d'autres exemples de grandes théories dont fut fait un usage religieux et pervers aux conséquences dramatiques. (Je pense aux « polpotiens » du Cambodge ou à certains groupes marxistes-léninistes d'Amérique latine...)

Bref, une telle mise en cause de la psychanalyse n'est plus très originale; d'autres l'ont faite avec talent – par exemple Robert Castel [1]. Mais il convient de se garder, d'un autre côté, de basculer dans des perspectives réductionnistes, néobehavioristes ou systémistes anglo-saxonnes, telles qu'elles sont véhiculées par les courants de thérapies familiales.

Si l'on veut aller au-delà de cet aspect critique et envisager les possibilités d'une reconstruction de l'analyse sur de nouvelles bases, il me paraît important de reposer la question de son statut de *mythe de référence*. Pour vivre sa vie – aussi bien sa folie, sa névrose, ses désirs, sa mélancolie que sa quotidienneté « normale » –, chaque individu est amené à se référer

1. *Le Psychanalysme*, Éditions 10-18.

194

à un certain nombre de mythes publics ou privés. Dans les sociétés archaïques, ceux-ci avaient une consistance sociale suffisante pour constituer un système de référence moral, religieux, sexuel, etc., sur un mode finalement beaucoup moins dogmatique que le nôtre; ainsi, lors d'une exploration sacrificielle, la collectivité cherchait à repérer quel esprit habitait le « malade », quelle constellation culturelle, sociale, mythique et affective était déréglée. Lorsqu'une pratique rituelle ne marchait pas, on s'orientait dans une autre direction, sans prétendre qu'on ait eu affaire à une « résistance ». Ces gens-là exploraient la subjectivité avec un incontestable pragmatisme en s'appuyant sur des codes partagés par l'ensemble du corps social et dont les effets étaient « testables ». Ce qui est loin d'être le cas de nos méthodes psychologiques et psychanalytiques!

Dans les sociétés où les facultés humaines sont hautement intégrées, les systèmes de références mythiques ont été, dans un premier temps, relayés par les grandes religions monothéistes qui se sont efforcées de répondre à la demande culturelle des castes, des ensembles nationaux et des classes sociales; ensuite, tout cela s'est effondré avec la déterritorialisation des anciens rapports de filiation, de clan, de corporation, de chefferie, etc. Puis, les grandes religions monothéistes ont à leur tour décliné et ont perdu une grande part de la prise qu'elles avaient sur les réalités subjectives collectives. (Mises à part, aujourd'hui, certaines situations paradoxales comme en Pologne ou en Iran, où les idéologies religieuses ont retrouvé une fonction structurante pour tout un peuple. Je prends ces deux exemples parce qu'ils sont symétriques et antinomiques : le dernier, basculant vers le fascisme, et le premier, vers une perspective de libération sociale.) Mais, d'une façon générale, la référence au péché, à la confession, à la prière, n'a plus la même efficacité qu'auparavant; elle ne peut plus interférer de la même façon avec les troubles d'un individu pris dans un drame psychotique, une névrose ou toute autre forme de difficulté mentale. Comme en contrepartie on assiste à une remontée quelquefois spectaculaire des religions « animistes » et des médecines traditionnelles, dans des pays comme le Brésil avec le candomblé, la Macumba, le Vaudou, etc.

Pour suppléer à ces religions affaissées, de grandes machines de subjectivation ont vu le jour, véhiculant certains mythes modernes, par exemple par le roman bourgeois, de Jean-Jacques Rousseau à James Joyce, ou par ceux du star-system du cinéma, de la chanson, du sport et, d'une façon générale, de la culture mass-médiatique. Seulement, il s'agit de mythes éclatés, labiles. La psychanalyse, la thérapie familiale, constituent à leur égard une sorte d'arrière-plan de référence, donnant un corps, un esprit de sérieux à cette subjectivation profane. Je le répète, il me semble que nul ne peut organiser sa vie indépendamment de telles formations subjectives de référence. Quand on a fini avec l'une d'elles – soit qu'elle perde son ressort, soit qu'elle se banalise –, on constate que, tout en dégénérant, en s'appauvrissant, elle continue souvent de survivre. C'est peut-être ce qui est en train de se passer avec le freudisme et le marxisme. Tant qu'on ne les aura pas remplacés dans leur fonction de mythe collectif, on n'en aura jamais fini! Ils sont devenus une espèce de délire collectif chronique. Voyez la fin du paradigme hitlérien : manifestement, l'affaire était perdue depuis 41 ou 42; mais ça a été jusqu'au bout, jusqu'au désastre total, et cela a encore continué bien au-delà. Comme l'a bien montré Kuhn, pour les paradigmes scientifiques, un corps d'explication qui perd sa consistance n'est jamais simplement remplacé par un autre plus crédible. Il reste en place, s'accroche comme un malade.

Dans ces conditions, inutile de tenter de démontrer rationnellement l'absurdité de la plupart des hypothèses psychanalytiques. Il faut boire le calice jusqu'à la lie! Et il en ira probablement de même avec le systémisme de la thérapie familiale. Aujourd'hui, psychologues et travailleurs sociaux manifestent une certaine avidité à retrouver des cadres de références. L'Université prétend leur fournir des bases scientifiques. Mais il ne s'agit, le plus souvent, que de théories réductionnistes qui se situent à côté des problèmes réels – disons d'une scientificité métonymique. En fait, quand les « usagers » vont voir un psy, ils savent très bien qu'ils n'ont pas affaire à de véritables « savants », mais à des gens qui se présentent comme les « répondants » d'un certain ordre problématique. Dans les temps anciens, quand on allait voir un prêtre, un serviteur de Dieu, on connaissait à peu près son mode de fonctionnement, ses rapports avec sa bonne, avec le voisinage, ses façons de penser. Les psychanalystes sont sûrement des gens tout aussi respectables! Mais ils sont beaucoup plus « illocalisables ». Et, à mon avis, ils ne pourront pas longtemps continuer de gérer leur affaire en s'appuyant sur des mythes dégonflés.

Une fois qu'on a reconnu la nécessité, je dirais presque la légitimité, des références mythiques, se pose la question non pas de leurs fondements scientifiques, mais de leur *fonctionnalité sociale*. C'est là que se situe la vraie recherche théorique dans ce domaine. On peut théoriser une production de subjectivité dans un contexte donné, au sein d'un groupe particulier, ou à propos d'une névrose ou d'une psychose, sans recourir à l'autorité de la science, c'est-à-dire à quelque chose qui implique une formalisation à portée universelle, qui s'affirme comme vérité universelle. Il me paraît très important de souligner qu'il ne saurait y avoir de théorie générale dans les sciences humaines – pas plus, d'ailleurs, dans les « sciences » sociales et les « sciences » juridiques – et que la théorisation ne relève, dans ces matières, que de ce que j'appellerais une « cartographie » descriptive et fonctionnelle. Il en résulte, selon moi, que les sujets et les groupes concernés devraient être invités, selon des modalités appropriées, à participer à l'activité de modélisation qui les concerne. Et c'est précisément l'étude de ces modalités qui me paraît être l'essence de la théorisation analytique. Je lisais récemment dans la presse que vingt millions de Brésiliens sont en train de mourir de faim dans le Nord-Est et que cela engendre une race de « nains autistiques ». Pour comprendre et aider ces populations, les références à la castration symbolique, au signifiant et au Nom du Père ne peuvent être que d'un piètre secours!

En revanche, il est évident que les personnes qui sont confrontées à ce genre de problèmes auraient tout à gagner à forger un certain nombre d'instruments sociaux et de concepts opératoires pour faire face à la situation. La dimension politique de la production de subjectivité est ici évidente. Mais il en va de même, sous d'autres modalités, dans d'autres contextes. Ainsi, je le répète, moins les psy se prendront pour des savants et mieux ils prendront conscience de leurs insuffisances et de leurs responsabilités; pas d'une responsabilité culpabilisante, comme celle que certains érigent en prétendant parler au nom de la vérité ou de l'histoire. Je suis de la génération qui a connu les assauts contre J.-P. Sartre, que certains prétendaient tenir, à l'époque de *La Nausée,* pour responsable des suicides et de la délinquance que connaissait alors la jeunesse. Les intellectuels qui échafaudent des théories cautionnent parfois, par leurs idées, un état de choses qu'ils désapprouvent et ils peuvent porter une responsabilité pour ce qui en advient. Mais c'est rarement une responsabilité directe. En revanche, il arrive fréquemment qu'ils aient une influence inhibitrice dans la mesure où, occupant indûment un terrain, ils empêchent certains problèmes de se poser sous un angle plus constructif. Je me suis toujours trouvé plus ou moins engagé politiquement. J'ai participé à des mouvements sociaux depuis mon enfance et, de surcroît, je suis devenu psychanalyste. Cela m'a conduit à refuser les cloisonnements étanches entre les niveaux individuel et social. Toujours se mêlent pour moi les dimensions singulières et collectives. Si on refuse de situer une problématique dans son contexte politique et micropolitique, on stérilise sa puissance de vérité. Intervenir avec son intelligence, ses moyens, si faibles soient-ils, cela peut paraître tout simple, mais c'est pourtant essentiel. Et cela fait partie intégrante de toute propédeutique, de toute didactique concevable.

Après 68, on disait des psychologues, des psychiatres, des infirmiers, qu'ils étaient des flics. Admettons! Mais, où est-ce que cela commence, où est-ce que cela finit? L'important, c'est de déterminer si, de la position qu'on occupe, on contribue ou non à surmonter des faits de ségrégation, de mutilation sociale et psychique, si l'on parvient, au minimum, à « limiter » les dégâts.

1984 – « LES DÉFONCÉS MACHINIQUES »

Il faudrait partir d'une définition élargie de la drogue; les défonces, pour moi, ce sont tous les mécanismes de production de subjectivité « machinique », tout ce qui concourt à donner le sentiment d'appartenir à quelque chose, d'être quelque part; et aussi le sentiment de s'oublier. Les aspects existentiels de ce que j'appelle les expériences de drogues machiniques ne sont pas aisément détectables; on n'en perçoit que les surfaces visibles à travers des pratiques telles que le ski de fond, l'U.L.M., le rock, les vidéoclips, toutes ces choses-là. Mais la portée subjective de ces défonces n'est pas nécessairement en rapport immédiat avec la pratique en question... C'est le fonctionnement d'ensemble qui est payant.

L'exemple du Japon, considéré à grande échelle, est significatif. Les Japonais s'accommodent d'une structure archaïque, disons pseudo-archaïque. C'est la contrepartie de leurs défonces machiniques pour que la société ne tombe pas en poussière... Ils se refont une territorialité féodale à partir de la tradition, en perpétuant la condition aliénée de la femme, en s'absorbant dans des travaux répétitifs sur machines...

Ce sont aussi des conduites pour se positionner subjectivement, enfin, pas directement « pour », mais le résultat est là : ça fonctionne! Les Japonais structurent leur univers, ordonnent leurs affects dans la prolifération et le désordre des machines, en s'accrochant à leurs références archaïques. Mais, avant tout, ce sont des fous de machines, de défonces machiniques. Est-ce que vous savez, par exemple, que la moitié des types qui escaladent l'Himālaya sont japonais?

Défonce. Drogue. Est-ce qu'il s'agit d'une simple analogie? Il semble que, selon les travaux les plus récents, ce ne soit pas du tout une métaphore. Des douleurs répétées, certaines activités très « prenantes » incitent le cerveau à sécréter des hormones, les endorphines, des drogues bien plus « dures » que la morphine. Est-ce qu'à travers cela on n'en arrive pas à des auto-intoxications? À La Borde, j'ai observé à quel point les anorexiques ressemblent aux drogués. Même mauvaise foi, même façon de se payer votre tête en promettant d'arrêter... L'anorexie, c'est une défonce majeure. Le sadomasochisme aussi. Et toute autre passion exclusive qui provoque des bouffées d'endorphine. On se « drogue » avec le bruit du rock; avec la fatigue, le manque de sommeil, comme Kafka; ou en se tapant la tête par terre, comme les enfants autistes. Avec l'excitation, le froid, des mouvements répétitifs, le travail forcé, l'effort sportif, la peur. Dévaler à skis une pente presque à pic, ça vous transforme les données de la personnalité! Une façon de se faire être, de s'incarner personnellement, alors que le fond de l'image existentielle reste flou.

Je répète, le résultat de la défonce et sa représentation sociale ont toutes chances d'être décalés. La défonce met en jeu des processus qui échappent radicalement à la conscience, à l'individu, elle entraîne des transformations biologiques dont il éprouve confusément – quoique de façon intense – le besoin. La «machine drogue» peut déboucher sur l'extase collective, la grégarité oppressive : elle n'en constitue pas moins une réponse à une pulsion individuelle. Même jeu avec les défonces mineures : le type qui rentre chez lui crevé, éclaté après une journée épuisante, et qui appuie mécaniquement sur le bouton de sa télé. Encore un moyen de reterritorialisation personnelle par des moyens totalement artificiels.

Ces phénomènes de la défonce contemporaine me semblent donc ambigus. Il y a deux entrées : la répétition, la connerie, comme avec la monomanie des flippers ou l'intox des jeux vidéo. Et aussi l'intervention du processus «machinique» qui, elle, n'est pas futile, jamais innocente. Il y a un Éros machinique. Oui, des jeunes Japonais surmenés se suicident à la sortie du lycée; oui, des milliers de types, dès 6 heures du matin, répètent en chœur les gestes du golf dans un parking en béton; oui, de jeunes ouvrières vivent en dortoir et renoncent à leurs vacances... Des cinglés de machines! Mais il y a quand même, au Japon, une espèce de démocratie du désir, jusque dans l'entreprise. Comme un équilibre. Au bénéfice de la défonce?

Chez nous, les défonces machiniques marchent plutôt dans le sens d'un retour à l'individuel; mais elles paraissent cependant indispensables à la stabilisation subjective des sociétés industrielles, surtout dans les moments de compétitivité les plus durs. Si vous n'avez pas au moins cette compensation-là, vous n'avez rien! Du refroidi... La subjectivité machinique moléculaire permet d'être créatif, dans n'importe quel domaine. D'y croire. De jeunes Italiens, plutôt déstructurés politiquement après l'écrasement des mouvements contestataires, ne font plus que ça! À coup de démerde individuelle! Une société qui ne serait pas capable de tolérer, de gérer ses défonces perdrait son tonus. Elle serait laminée. Il faut qu'elle s'articule, bon gré mal gré, sur l'apparent bordel des défonces, même et surtout celles qui ont l'air d'être des échappatoires improductives. Les Américains sont des champions de défonces : ils en ont des milliers; ils en inventent tous les jours. Cela ne leur réussit pas mal. Les Russes, au contraire, n'ont même plus la défonce du vieux bolchevisme... C'est la subjectivité « machinique » qui engendre les grands élans comme Silicon Valley.

En France ? La société française n'est pas forcément foutue. Les Français ne sont pas plus idiots que d'autres, ni plus pauvres en libido. Mais ils ne sont pas « branchés ». Les superstructures sociales sont, disons, plutôt molaires. Il n'y a guère, chez nous, d'institutions qui laissent place aux processus de prolifération « machinique ». La France, on le répète à satiété, c'est la tradition, la Méditerranée, les immortels principes de ceci ou de cela. Et à l'heure où la planète est traversée de mutations fantastiques, on y boude les grandes défonces « machiniques ». L'explosion universelle est out. Les jeux Olympiques ? Et le centre Pompidou, qui à l'origine était assez marrant, s'est engorgé de couches successives de permanents plus ou moins parasites. Bref, c'est l'anti-défonce. On espère japoniser la France en envoyant les délégations à Tōkyō? C'est vraiment de la rigolade... Pas d'endorphine, là-dedans!

La France paraît quand même assez mal partie. L'Europe aussi. Peut-être que les processus « machiniques » appellent de grands espaces, un grand marché ou une grande puissance royale, comme jadis. Et/ou aussi, comme le suggère Braudel, une concentration de moyens sémiologiques, monétaires, intellectuels, un capital de savoir. New York, Chicago, la Californie avec toute l'Amérique derrière. Ou Amsterdam au XVIIe siècle. Cela seulement donnerait des entités manageables. Des méga-machines!

Ici la défonce relève du club plus ou moins privé, n'est qu'une valeur refuge. Les gens se subjectivisent, se refont des territoires existentiels avec leurs défonces. Mais la complémentarité entre les machines et les valeurs refuges n'est pas garantie! Si la défonce avorte, si elle rate, ça implose. Il y a un seuil critique. Faute de déboucher sur un projet social, une grande entreprise à la japonaise, une mobilité à l'américaine, on peut en crever. Regardez Van Gogh, Artaud. Le processus « machinique » dont ils n'ont pu sortir les a détruits. Comme les vrais drogués. Mon existence entraînée dans un processus de singularisation? Parfait! Mais si ça arrête net : allez, fini, rendez les copies, la catastrophe est imminente. Faute de perspective, de débouché micropolitique. Il faut se faire exister « dans » le processus. La répétition à vide de la défonce, c'est terrible! Quand on s'en aperçoit, quand on vient à se dire : « c'était bidon »... la contre-culture des années soixante, le tiers mondisme, le marxisme-léninisme, le rock : il y a plein de défonces qui ont fait très mal en se révélant caduques.

C'est soit l'effondrement lamentable, soit la création d'univers inouïs. Les formations subjectives concoctées par les défonces peuvent relancer le mouvement ou, au contraire, le faire mourir à petit feu. Derrière tout cela, il y a des possibilités de création, de changements de vie, de révolutions scientifiques, économiques, voire esthétiques. Des horizons nouveaux, ou rien. Je ne pense pas ici aux vieilles rengaines sur la spontanéité comme facteur de créativité. Absurde! Mais dans l'immense entreprise de stratification, de sérialisation qui étreint nos sociétés, rôdent des formations subjectives aptes à relancer la puissance du processus et à promouvoir le règne de singularités mutantes, de nouvelles minorités. Les secteurs visibles de défonce ne devraient pas être autant de défenses de territoires acquis; les cristaux résiduels que constituent les défonces machiniques pourraient traverser la planète entière, la réanimer, la relancer. Une société à ce point verrouillée devra s'y faire, ou elle devra crever.

1985 – MICROPHYSIQUE DES POUVOIRS ET MICROPOLITIQUE DES DÉSIRS

Milan 31 mai 1985

Ayant eu le privilège de voir reprendre par Michel Foucault une proposition que j'avais lancée un peu par provocation, décrétant que les concepts n'étaient, après tout, que des outils et les théories l'équivalent des boîtes les contenant – leur puissance ne pouvant

Liste des abréviations des titres cités :

A.S. : *L'Archéologie du savoir,* Paris, Gallimard, 1969.
H.F. : *Histoire de la folie à l'Âge classique,* Paris, Gallimard, 1976.
H.S. : *Histoire de la sexualité.* 1. *La Volonté de savoir,* Gallimard, 1976. 2. *L'Usage des plaisirs,* Gallimard, 1984.
M.C. : *Les Mots et les Choses,* Paris, Gallimard, 1966.
M.F. : *Michel Foucault. Un parcours philosophique,* par Hubert Dreyfus et Paul Rabinow, avec un entretien et deux essais de Michel Foucault, trad. de l'anglais par Fabienne Durand-Bogaert, Paris, Gallimard, 1984.
O.D. : *L'Ordre du discours,* Paris, Gallimard, 1971.
P.   : *Le Panoptique,* Jeremy Bentham, précédé de « L'œil du pouvoir », entretien avec Michel Foucault, Paris, Belfond, 1977.
R.R. : *Raymond Roussel,* Paris, Gallimard, 1963.
S.P. : *Surveiller et Punir,* Paris, Gallimard, 1975.

guère excéder les services qu'ils rendaient dans des champs délimités, lors de séquences historiques inévitablement bornées –, vous ne serez pas étonnés de me voir aujourd'hui fouiller dans l'attirail conceptuel qu'il nous a légué pour lui emprunter certains de ses instruments et, le cas échéant, en détourner l'usage à mon gré.

J'ai d'ailleurs la conviction que ce fut toujours ainsi qu'il entendit que l'on gérât son apport!

Ce n'est pas par une pratique exégétique que l'on peut espérer maintenir vivante la pensée d'un grand disparu, mais seulement par sa reprise et sa remise en acte, aux risques et périls de ceux qui s'y exposent, pour réouvrir son questionnement et pour lui apporter la chair de ses propres incertitudes.

Libre à vous de rapporter la banalité de ce premier propos au genre rebattu de l'hommage posthume! Dans un de ses derniers essais, traitant de l'économie des relations de pouvoir, Michel Foucault priait son lecteur de ne pas se laisser rebuter par la banalité des faits qu'il rapportait: « Ce n'est pas parce qu'ils sont banals, écrivait-il, qu'ils n'existent pas. Ce qu'il faut faire, avec des faits banals, c'est découvrir – ou essayer de découvrir – quel problème spécifique et peut-être originel s'y rattache » (M.F., p. 299). Eh bien! je crois que ce qui est assez rare et qui prête peut-être à découverte, dans la façon dont la pensée de Michel Foucault est appelée à lui survivre, c'est qu'elle épouse, mieux que jamais, les problématiques les plus urgentes de nos sociétés à l'égard desquelles, jusqu'à nouvel ordre, rien n'a été avancé d'aussi élaboré et sur lesquelles toutes les modes déjà désuètes des postmodernismes et des postpolitismes se sont déjà cassé les dents!

L'essentiel de la démarche de Foucault a consisté à se démarquer conjointement d'un point de départ qui le portait vers une méthode d'interprétation herméneutique du discours social et d'un point d'arrivée qui aurait pu être une lecture structuraliste, fermée sur elle-même, de ce même discours. C'est dans *L'Archéologie du savoir* qu'il devait procéder à cette double conjuration. C'est là qu'il s'est explicitement dégagé de la perspective, qui fut d'abord la sienne dans son *Histoire de la folie,* en proclamant qu'il n'était plus question pour lui « d'interpréter le discours pour faire à travers lui une histoire du référent » (A.S., p. 64-67) et qu'il entendait, désormais, « substituer au trésor énigmatique des " choses " d'avant le discours, la formation régulière des objets qui ne se dessinent qu'en lui ».

Ce refus de faire référence au « fond des choses », ce renoncement aux profondeurs abyssales du sens, est parallèle et symétrique à la position deleuzienne de rejet de l'« objet des hauteurs » et de toute position transcendantale de la représentation. L'horizontalité, une certaine « transversalité » assortie d'un nouveau principe de contiguïté-discontinuité parurent alors devoir s'imposer à l'encontre de la traditionnelle station verticale de la pensée. Relevons que c'est vers cette même époque qu'eurent lieu de tumultueuses remises en cause des hiérarchies oppressives de pouvoir, aussi bien que la découverte de nouvelles dimensions vécues de la spatialité : les galipettes des cosmonautes ou un nouveau type de travail au sol

209

chez les danseurs, particulièrement avec l'essor du Buto japonais.

Renoncer à la « question des origines [1] », dégager pour l'analyse « un espace blanc, indifférent, sans intériorité ni promesse » (A.S., p. 54) sans tomber pour autant dans le piège d'une lecture aplatie en terme de signifiant : tel devint le nouveau programme de Michel Foucault.

En 1970, lors de sa leçon inaugurale au Collège de France, il lancera à cet égard une sorte d'avertissement solennel : « Le discours s'annule dans sa réalité en se mettant à l'ordre du signifiant » (O.D., p. 51).

C'est qu'en effet, après un temps d'hésitation, il en était venu à considérer comme pernicieuse toute démarche structuraliste consistant à « traiter les discours comme des ensembles de signes (d'éléments signifiants renvoyant à des contenus ou à des représentations) » : ces discours, il entend les appréhender sous l'angle de « *pratiques* qui forment systématiquement les objets dont ils parlent ». Et il ajoute : « Certes, les discours sont faits de signes; mais ce qu'ils font, c'est plus que d'utiliser ces signes pour désigner des choses. C'est ce *plus* qui les rend irréductibles à la langue et à la parole » (A.S., p. 66-67). Sortie, donc, du ghetto du signifiant et volonté affirmée de prendre en compte la dimension productiviste de l'énonciation. Mais ce « *plus* », dont il est ici question, de quoi est-il constitué? S'agit-il d'une simple illusion subjective? Va-t-il à la rencontre d'un « déjà-là » ou d'un processus en cours de déploiement? Sans doute n'y

---

1. Voir également le thème de « l'enlabyrinthement de l'origine » chez Raymond Roussel, R.R., p. 204.

a-t-il pas de réponse générale à ces questions. Chaque cartographie régionale ou globale, selon qu'elle est portée par des prétentions idéologiques, esthétiques ou scientifiques, définit son propre champ d'efficience pragmatique, et il est bien évident qu'une renonciation, comme celle de Michel Foucault, aux mythes réductionnistes qui ont généralement cours dans les sciences humaines ne saurait être sans incidence sur des enjeux politiques et micropolitiques relatifs, par exemple, aux rapports soignants-soignés, aux rôles respectifs des spécialistes psy, aux positions occupées par ce domaine psy au sein de l'Université, dans les préoccupations mass-médiatiques, les hiérarchies entre les corps d'État, etc. En dévaluant, comme ils l'ont fait, la part imaginaire du réel au bénéfice exclusif de sa part symbolique, les structuralistes français des années soixante ont fondé, en fait, une sorte de religion trinitaire du *Symbolique,* du *Réel* et de l'*Imaginaire,* dont on a vu les missionnaires et les prosélytes se répandre un peu partout, en prêchant une nouvelle bonne parole, cherchant à invalider, brutalement ou quelquefois très subtilement, toute perspective échappant à leur volonté hégémonique. Mais on sait bien qu'aucune Trinité, fût-elle celle, stupéfiante, de son accomplissement hégélien ou celle, d'une richesse encore largement inexplorée, de Charles Sanders Pierce, n'a jamais pu, ne pourra jamais rendre compte d'un existant singulier, d'une simple écharde dans une chair de désir. Et pour la bonne raison, si l'on y réfléchit bien, qu'elles se sont précisément constituées pour conjurer les ruptures aléatoires, les faits de rareté dont Michel Foucault nous explique qu'ils sont la trame essentielle de toute affirmation

existentielle. « Rareté et affirmation, rareté, finalement, de l'affirmation et non générosité continue du
sens et non point monarchie du signifiant [1]. » Bref,
le réel de l'histoire et du désir, les productions d'âme,
de corps et de sexe ne passent pas par ce genre de
tripartition, finalement plutôt simpliste [2]. Ils impliquent
une tout autre démultiplication catégorielle des
composantes sémiotiques œuvrant sur des scènes
imaginaires ou à titre de diagrammes symboliques.
L'éclatement du concept-valise de signifiant, la mise
au musée de l'adage lacanien, comme quoi seul le
signifiant devrait représenter le sujet pour un autre
signifiant, vont de pair avec une remise en question
radicale de la tradition philosophique du « sujet fon-
dateur » (O.D., p. 49). Michel Foucault récuse la
conception d'un sujet qui serait censé « animer directement de ses visées les formes vides de la langue » ;
il veut se consacrer, pour sa part, à la description des
instances réelles d'engendrement de la discursivité
des groupes sociaux et des institutions. Et cela le
mène à la découverte du continent, jusque-là presque
méconnu, des formes de production collectives et des
modalités techniques d'agencement de la subjectivité.
Pas dans le sens d'une détermination causaliste, mais

1. O.D., p. 72. À cette même époque, nous nous insurgions,
de notre côté, contre ce que nous appelions « l'impérialisme du
signifiant ». Simple nuance d'image ? Ou prévalence, peut-être,
chez Michel Foucault, du rôle joué par l'« âge classique » dans
cette prise de pouvoir du signifiant sur le pouvoir, alors que nous
mettions l'accent sur ses dimensions capitalistiques plus avancées.

2. Pour la production de domaines d'objets, voir O.D., p. 71 ;
celle d'événements : O.D., p. 61 ; celle d'âme : S.P., p. 34 ; celle
de sexe : H.S., I, p. 151, etc.

212

comme *raréfaction* et/ou *prolifération* des composantes sémiotiques à l'intersection desquelles elle surgit. Derrière la « logophilie » apparente de la culture dominante, il analyse une profonde « logophobie », une volonté farouche de maîtrise de « la grande prolifération des discours, de manière que sa richesse soit allégée de sa part la plus dangereuse et que son désordre soit organisé selon des figures qui esquivent le plus incontrôlable », et une crainte sourde contre le surgissement des énoncés, des événements, contre « tout ce qu'il peut y avoir là de violent, de discontinu, de batailleur, de désordre aussi et de périlleux, contre ce grand bourdonnement incessant et désordonné du discours » (O.D., p. 52-53).

On peut distinguer deux versants sur lesquels Michel Foucault considère que la subjectivité qu'il explore échappe aux abords réductionnistes qui tiennent un peu partout le haut du pavé :

1. celui d'une reterritorialisation conduisant à la mise à jour de ses composantes de sémiotisation institutionnelles, qui la chargent d'histoire et de contingence événementielle – c'est à ce niveau qu'elle se démarque de toutes les variantes de structuralisme;

2. celui d'une déterritorialisation qui la révèle comme créatrice d'« âme réelle et incorporelle » selon une formule lancée dans *Surveiller et Punir,* connotée d'une mise en garde humoristique : « Il ne faudrait pas dire que l'âme est une illusion, ou un effet idéologique. Mais bien qu'elle a une réalité, qu'elle est produite en permanence, autour, à la surface, à l'intérieur du corps... » (S.P., p. 34). Nous sommes ici dans le registre d'un « matérialisme de l'incorporel » (O.D., p. 60), aussi éloigné que possible des formes

figées des interprétations herméneutiques que des leurres d'un certain « immatérialisme » à la mode.

Il s'agit donc, désormais, d'échapper à travers une pratique analytique – ce qu'il appelle un « discours en tant que pratique » – aux instances de domination assujettissantes à quelque niveau que ce soit de leur instauration. « Il nous faut promouvoir de nouvelles formes de subjectivités en refusant le type d'individualité qu'on nous a imposé pendant plusieurs siècles », réaffirme-t-il encore dans un entretien avec Hubert Dreyfus et Paul Rabinow, qui paraît constituer une sorte de testament (M.F., p. 301-302). Et il prend le soin de sérier les conditions permettant d'avancer vers une nouvelle économie des relations de pouvoirs. Les luttes de transformation de la subjectivité, précise-t-il, ne sont pas de simples formes d'opposition à l'autorité; elles sont caractérisées par le fait :

1. qu'elles sont « transversales » (c'est-à-dire pour Michel Foucault qu'elles sortent des cadres d'un pays particulier);

2. qu'elles s'opposent à toutes les catégories d'effets de pouvoir, à ceux, par exemple, qui s'exercent sur le corps et la santé et pas seulement à ceux qui sont afférents aux luttes sociales « visibles »;

3. qu'elles sont immédiates, en ce sens qu'elles visent les formations de pouvoir les plus proximales et qu'elles ne s'en remettent pas à d'hypothétiques solutions à terme, comme celles qu'on peut trouver dans les programmes des partis politiques;

4. qu'elles mettent en cause le statut de l'individu normalisé et affirment un droit fondamental à la différence (nullement incompatible, d'ailleurs, avec des alternatives communautaires);

214

5. qu'elles visent les privilèges du savoir et leur fonction mystificatrice;

6. qu'elles impliquent un refus des violences économiques et idéologiques de l'État et de toutes ses formes d'inquisition scientifiques et administratives.

À travers ces prescriptions, on voit que le déchiffrement des « technologies politiques du corps », de la « microphysique des pouvoirs » (S.P., p. 31) et de la « police discursive » (O.D., p. 37) proposé par Michel Foucault ne consiste pas en un simple repérage contemplatif, mais implique ce que j'ai appelé une *micropolitique,* une analyse moléculaire nous faisant passer des formations de pouvoir aux investissements de désir.

Lorsqu'il parle de désir, ce qu'il fait à maintes reprises dans son œuvre, il le fait toujours dans une acception beaucoup plus restreinte que celle que Gilles Deleuze et moi-même avons donnée à ce terme. Mais on peut remarquer que sa conception très particulière du pouvoir a pour conséquence de « tirer » celui-ci, si je puis dire, en direction du désir. C'est ainsi qu'il en traite comme d'une matière qui relève d'un investissement et non d'une loi du « tout ou rien ». Sa vie durant, Michel Foucault a refusé d'envisager le pouvoir en tant qu'entité réifiée. Pour lui, les relations de pouvoir et, par voie de conséquence, les stratégies de lutte ne se résument jamais à n'être que de simples rapports de force objectifs; elles engagent les processus de subjectivation dans ce qu'ils ont de plus essentiel, de plus irréductiblement singulier et on retrouvera toujours en elles « la rétivité du vouloir et l'intransitivité de la liberté » (M.F., p. 312-315).

Le pouvoir ne s'applique donc pas « purement et

simplement, comme une obligation ou une interdiction, à ceux qui ne l'ont pas; il les *investit,* passe par eux et à travers eux; il prend appui sur eux, tout comme eux-mêmes, dans leur lutte contre lui, prennent appui à leur tour sur les prises qu'il exerce sur eux » (S.P., p. 31-32). À cela j'ajouterai que malgré nos différences de point de vue, disons de « cadrage de champ », il m'apparaît que nos problématiques de singularité analytique se recoupent.

Mais, avant de m'arrêter sur ce point, je voudrais faire une remarque d'ordre plus général relative à notre contestation commune des théories lacaniennes et péri-lacaniennes pour souligner qu'elle n'a jamais été assortie d'une négation néo-positiviste ou marxienne de la question de l'inconscient. Michel Foucault, dans son *Histoire de la sexualité,* a mis en relief le caractère décisif de la démarcation que le freudisme a opéré à l'égard de ce qu'il a appelé « l'ensemble perversion-hérédité-dégénérescence », comme noyau solide des technologies du sexe au tournant du siècle dernier (H.S., I, p. 157-197-198). Et pour ce qui concerne Gilles Deleuze et moi-même, faut-il rappeler que c'est au nom de la reconstruction d'une véritable analyse que nous nous sommes insurgés contre la prétention des lacaniens d'ériger une logique universelle du signifiant comme répondant, non seulement de l'économie de la subjectivité et des affects, mais également de toutes les autres formes de discursivité relatives à l'art, au savoir et au pouvoir.

Revenons au trait qui nous rattache peut-être le plus essentiellement à Michel Foucault, à savoir un commun refus d'expulser les dimensions de singularité de l'objet analytique et de ses procédures d'élucidation : « Le thème de l'universelle médiation, écrit-il, est une manière d'élider la réalité du discours. Et ceci malgré l'apparence. Car il semble au premier regard qu'à retrouver partout le mouvement d'un logos qui élève les singularités jusqu'au concept et qui permet à la conscience immédiate de déployer finalement toute la rationalité du monde, c'est bien le discours lui-même qu'on met au centre de la spéculation. Mais ce logos, à dire vrai, n'est en fait qu'un discours déjà tenu, ou plutôt, ce sont les choses mêmes et les événements qui se font insensiblement discours en déployant le secret de leur propre essence » (O.D., p. 50-51). Cette réintégration de la singularité repose, chez Michel Foucault, sur sa conception très particulière de l'énoncé qui ne représente plus une unité du même genre que la phrase, la proposition ou l'acte de langage, et qui, par conséquent, ne peut plus fonctionner au titre de segment d'un logos universel laminant les contingences existentielles. Son ressort n'est donc plus seulement celui d'un rapport de signification, articulant le signifiant et le signifié, et d'un rapport de dénotation d'un référent, mais c'est aussi une capacité de *production existentielle* (que, dans ma propre terminologie, j'ai appelée « fonction diagrammatique »). L'énoncé foucaldien, dans son mode d'être singulier, n'est ni tout à fait linguistique, ni exclusivement matériel. Et cependant, il est indispensable pour qu'on puisse dire s'il y a ou non phrase, proposition ou acte de langage. « Ce n'est pas une structure [...] c'est une *fonction d'existence* qui appartient en propre aux signes et à partir de laquelle on peut décider ensuite, par l'analyse ou l'intuition s'ils font sens ou non [...] » (A.S., p. 114-

217

115). Ce carrefour entre la fonction sémiotique de sens, la fonction dénotative, et cette fonction pragmatique de « mise en existence » n'est-il pas, précisément, celui, autour duquel a tourné toute l'expérience psychanalytique, avec ses index symptomatiques, ses mots d'esprit, ses lapsus, ses « ombilics du rêve », ses actes manqués, ses formations fantasmatiques et comportementales crispées sur leur propre répétition existentielle, vide de sens, à tout le moins d'un sens paradigmatisable dans les coordonnées des significations dominantes ? Que ce soit à travers le « discours » des équipements collectifs (par exemple hospitaliers ou pénitentiaires), à travers le marquage des corps et de la sexualité, que ce soit à travers l'histoire de l'émergence des figures de la raison et de la folie, ou encore à travers les univers machiniques d'un Raymond Roussel (R.R., p. 120), la recherche première de Michel Foucault a toujours été celle des failles du discours, des ruptures de sens du langage ordinaire ou de la discursivité scientifique, son objectif a toujours été de parvenir à cartographier les « séries lacunaires et enchevêtrées, les jeux de différence, d'écart, de substitution, de transformation dont ils sont porteurs » (A.S., p. 52). Il n'accepte pas comme allant de soi le caractère « plein, serré, continu, géographiquement bien découpé » des domaines constitués par les grandes familles d'énoncés. À suivre Michel Foucault sur ce terrain, on a quelquefois le sentiment de ne pas être très loin de la logique dissidente du processus primaire freudien [1]. Mais, sur

---

1. Si on veut prendre au sérieux l'affirmation que la lutte est au cœur des rapports de pouvoir, il faut se rendre compte que

218

deux points cependant, celui de la singularité dont j'ai déjà essayé de souligner l'importance, la perspective diffère profondément.

Il ne faut jamais oublier, en effet, que Michel Foucault a entrepris de démanteler de toutes les manières possibles la fausse évidence de l'individuation de la subjectivité. J'ai déjà évoqué la fonction assujettissante de l'individuation sociale – ce qu'il appelle le « gouvernement par individuation » – qui, tout à la fois, isole et désingularise (M.F., p. 302), et qui, par le biais d'un regard sans visage, « transforme tout le corps social en un champ de perception : des milliers d'yeux portés partout, des attentions mobiles et toujours en éveil, un long réseau hiérarchisé... » (S.P., p. 216). Mais cette fonction n'est pas nécessairement exercée par un opérateur social au contour bien circonscrit, par exemple par une caste étatique ou un état-major de la rationalité. Elle peut engager une *intentionnalité sans sujet* (H.S., I, p. 124-125) opérant à partir de « surfaces et inscriptions collectives » (A.S., p. 56). Le contrôle panoptique, par exemple, conduit à l'assujettissement aussi bien du regardé que du regardant ; c'est une machinerie dont nul n'est titulaire, où « tout le monde est pris, aussi bien ceux qui exercent le pouvoir que ceux sur qui ce pouvoir s'exerce » (P.). D'une façon plus générale, on doit considérer qu'il n'existe pas d'énoncé – au sens foucaldien – qui soit libre, neutre et indépendant. Tous sont toujours partie intégrante d'un jeu associa-

la brave et vieille « logique de la contradiction ne suffit pas, loin de là, à en débrouiller les processus réels », *Le Panoptique*, p. 30.

tif; ils se découpent toujours au sein d'un champ énonciatif (A.S., p. 130).

Cette perspective le conduit également à réenvisager le statut d'auteur au niveau des plus simples procédures de délimitation et de contrôle du discours. L'auteur ne doit pas être identifié avec l'individu parlant qui a prononcé ou écrit un texte; c'est un « principe de groupement du discours » – ce que j'ai appelé, pour ma part, un agencement collectif d'énonciation – qui lui confère son unité, son signe, sa signification comme foyer de sa cohérence (O.D., p. 28).

L'angle sous lequel Michel Foucault positionne la question des singularités existentielles constitue également une démarcation, potentielle mais décisive, d'avec la manière freudienne d'aborder les formations de l'inconscient ou de l'« impensée », selon sa terminologie inspirée de Maurice Blanchot. L'individualité, éclatée comme on l'a vu, n'est plus nécessairement synonyme de singularité. Elle ne peut plus être conçue comme un irréductible point d'échappée aux systèmes de la relation et de la représentation. Même le cogito a perdu son caractère d'évidence apodictique pour devenir, en quelque sorte, processuel; c'est maintenant « une tâche incessante qui doit toujours être reprise » (M.C., p. 335). La singularité se fait ou se défait au gré de la prise de consistance subjective de la discursivité collective et/ou individuelle. Disons, pour reprendre les choses dans le cadre de nos propres catégories, qu'elle relève d'un *processus de singularisation* pour autant qu'elle se fait exister comme agencement collectif d'énonciation. À cette fin, elle pourra aussi bien s'incarner à travers un discours collectif que se perdre dans une individuation sérialisée. Et même lorsqu'elle concernera une entité individuée, elle pourra continuer de relever de multiplicités processuelles. Qu'on ne pense pas, cependant, qu'en devenant fragmentaire, précaire, en se dégageant de son corset identitaire, elle soit nécessairement conduite à s'appauvrir ou à s'affaiblir : au contraire, elle s'affirme. Du moins est-ce l'orientation micropolitique de l'« *analytique de la finitude* » que nous propose Michel Foucault, en rupture complète avec l'analytique des représentations issue de la tradition kantienne. Ce serait donc un contresens majeur que de vouloir circonscrire sa perspective à un seul type d'intervention globale de désassujettissement des ensembles sociaux; il s'agit aussi et avant tout d'une micropolitique de l'existence et du désir. La finitude ne doit pas être supportée dans la résignation comme un manque, une carence, une mutilation ou une castration : elle est affirmation, engagement d'existentiel [1]. Tous les thèmes de ce qu'on pourrait appeler l'existentialisme foucaldien se nouent ainsi sur ce point de bascule entre la représentation sémiotique et des pragmatiques d'« existentialisation » qui amènent les micropolitiques du désir à se mettre en adjacence des microphysiques du pouvoir selon des procédures spécifiques. Chacune d'entre elles demande à être réinventée au coup par coup, cas par cas, ce qui les apparente à une création artistique. L'apport immense de Michel Foucault a consisté

1. M.C., p. 325-329. Sur ce point, je ne peux que renvoyer à l'excellente analyse d'Hubert Dreyfus et Paul Rabinow, M.F., p. 47-53.

dans l'exploration de champs de subjectivation foncièrement politiques et micropolitiques qui nous indiquent des voies de dégagement des pseudo-universaux du freudisme ou des mathèmes de l'inconscient lacanien. À partir des méthodes qu'il a énoncées, des enseignements qu'on peut tirer de l'histoire de sa vie intellectuelle et personnelle, et aussi de la qualité esthétique de son œuvre, il nous a légué d'irremplaçables instruments de cartographie analytique.

1985 – LES QUATRE VÉRITÉS
DE LA PSYCHIATRIE

Rome 28.6.85

Le marasme au sein duquel la psychiatrie et sa mouvante psy se sont enlisées, depuis quelques années, n'est pas, à l'évidence, indépendant des convulsions économiques et sociales contemporaines. Les mouvements de contestation et de contre-culture des années soixante ont pu apparaître, à ceux qui les ont intensément vécus, comme les prémices de transformations profondes qui gagneraient, de proche en proche, l'ensemble du tissu social. Il n'en a rien été. Sans doute l'histoire peut-elle encore nous réserver des surprises! Mais, en attendant, on est bien obligé de constater que les crises à répétition de ces dernières années ont eu raison de ces mouvements. On peut même se demander si ce n'était pas là un de leurs « objectifs » essentiels. Quoi qu'il en soit des espoirs, des utopies, des expérimentations novatrices de cette époque, il n'en reste plus guère qu'une mémoire floue, attendrie pour certains, haineuse et revancharde pour d'autres, et indifférente pour la grande majorité de l'opinion. Cela ne signifie pas pour autant que les

223

entreprises et mouvements alternatifs aient été définitivement balayés, aient perdu toute légitimité. D'autres générations en ont pris le relais, peut-être avec moins de rêve, plus de réalisme, moins d'échafaudages mythiques et théoriques... Pour ma part, je demeure convaincu que les problèmes posés durant cette période, loin d'être « dépassés », continuent de hanter l'avenir de nos sociétés, pour autant que le choix qui leur est imposé est soit celui de leur réorientation sur des finalités humaines par la mise en œuvre, de toutes les manières possibles, d'entreprises de réappropriation des territoires existentiels individuels et collectifs, soit celui d'un acheminement accéléré vers une folie collective, meurtrière et suicidaire, dont l'actualité récente vient encore de nous fournir maints indices et symptômes.

C'est dans ce contexte, brossé à grands traits, qu'il convient, selon moi, de réexaminer les tentatives de transformation de la psychiatrie de ces dernières décennies. Considérons sommairement les plus marquantes d'entre elles : le mouvement de thérapie institutionnelle première manière, sous l'impulsion d'hommes tels que Daumezon, Le Guillant, Bonnafé, etc. et qui conduisit à l'humanisation des vieux hôpitaux psychiatriques; le commencement d'implantation de la psychiatrie de secteur, avec ses hôpitaux de jour, ses ateliers protégés, ses visites à domicile, etc.; la psychothérapie institutionnelle seconde manière, réarticulée par François Tosquelles, Jean Oury et le G. T. Psy sur des concepts et des pratiques psychanalytiques; les différents mouvements d'alternative à la psychiatrie... Chacune d'entre elles fut porteuse d'une vérité segmentaire sans qu'aucune soit en

mesure de faire face aux conséquences des bouleversements que connaissait, en parallèle, l'ensemble de
la société. Au-delà de leurs apports particuliers – que
je serais bien le dernier à sous-estimer – se trouvait
à chaque fois repoussée la question d'une reconversion
véritablement radicale de la psychiatrie, ce que, dans
d'autres registres, on appellerait son changement de
paradigme.

Sans être en mesure, bien entendu, d'en dresser
moi-même une cartographie exhaustive, je voudrais
relever quelques acquis constituant les conditions
nécessaires à toute « relance » progressiste de ce
domaine en souffrance – c'est le cas de le dire! Il
m'apparaît qu'elle devra associer de façon indissoluble
au moins quatre niveaux d'intervention, quatre sortes
de vérités :

1. la transformation des équipements lourds existants;

2. le soutien des expériences alternatives;

3. la sensibilisation et la mobilisation sur ces thèmes
des partenaires sociaux les plus divers;

4. le développement de méthodes renouvelées
d'analyse de la subjectivité inconsciente, tant au
niveau individuel que collectif.

Il s'agit, en d'autres termes, de se dégager, de la
façon la plus radicale, des aveuglements dogmatiques
et des querelles corporatistes, qui ont parasité pendant
si longtemps nos réflexions et nos pratiques. Dans ce
domaine, comme dans bien d'autres, une vérité ne
chasse pas l'autre. Il n'existe pas de recette universelle,
de remède qu'on pourrait appliquer de façon univoque à toutes les situations, et le premier critère de
« faisabilité » concrète réside dans la prise en relais

225

d'un projet par des opérateurs sociaux décidés à en assumer les conséquences sur tous les plans.

À partir de quelques exemples, essayons à présent de montrer comment les entreprises récentes de transformation de la psychiatrie impliquaient bien la prise en compte, au minimum, d'une de nos « quatre vérités » et comment elles trouvèrent leurs limites à ne pas les engager toutes concurremment, ce qui eût présupposé l'existence, suffisamment consistante, d'agencements collectifs susceptibles de les mettre en acte.

Ce qu'on a appelé la « première révolution psychiatrique », qui conduisit, dans les années d'après-guerre, à l'amélioration sensible des conditions matérielles et morales de nombreux hôpitaux psychiatriques français, n'a été rendue possible que parce qu'elle s'est appuyée sur la conjonction :

1. d'un fort courant de psychiatres progressistes;

2. d'une puissante majorité d'infirmiers psychiatriques militant en faveur d'une transformation de la condition asilaire (animant, par exemple, des stages de formation des Centres d'entraînement aux méthodes actives : C.E.M.E.A.);

3. d'un noyau de fonctionnaires du ministère de la Santé, travaillant dans le même sens.

Ainsi se trouvèrent exceptionnellement réunies les conditions d'une intervention efficace sur le premier niveau des équipements « lourds ». Mais, en contrepartie, aucun des trois autres niveaux – celui des alternatives, celui de la mobilisation sociale et celui de l'analyse de la subjectivité – ne fut alors engagé, même si, au sein de la psychiatrie de secteur, qui constitua un prolongement de ce mouvement, il en fut beaucoup question.

Les expériences communautaires anglaises, qui se développèrent dans le sillage de Maxwell Jones, puis de Ronald Laing, de David Cooper et de la Philadelphia Association avaient pour elles une certaine intelligence sociale et une indéniable sensibilité analytique. En revanche, elles ne reçurent aucun appui ni du côté de l'État ni du côté de ce qu'il est convenu d'appeler les forces de gauche. De sorte qu'elles ne furent pas en mesure de prendre un essor évolutif.

Si l'on se tourne maintenant du côté d'une expérience comme celle de La Borde – clinique d'une centaine de lits, dont Jean Oury est l'animateur principal depuis une trentaine d'années et à laquelle je reste personnellement attaché –, on se trouve alors en présence d'une assez extraordinaire horlogerie institutionnelle constituant un « analyseur collectif », qui me paraît être du plus haut intérêt. Les soutiens extérieurs ne lui en firent pas moins défaut, quoique selon les modalités différentes de celles des exemples précédemment évoqués. Relevons simplement au passage que cette clinique, bien que conventionnée par la Sécurité sociale, a toujours été systématiquement marginalisée d'un point de vue économique et, paradoxalement, sa situation, loin de s'améliorer depuis la venue au pouvoir des socialistes, n'a fait qu'empirer. Bien que certains croient devoir la traiter comme un monument historique, elle demeure plus vivante que jamais et elle se trouve même « portée » par un courant de sympathie qui ne s'est jamais démenti, comme en témoigne la participation, tout au long de l'année, de plus d'une centaine de stagiaires français et étrangers. Et cependant, on peut considérer qu'elle demeure isolée. Une expérience comme celle-là n'aurait pris, en effet, pleinement son sens que dans le contexte d'un réseau proliférant d'initiatives alternatives. La question qu'elle pose en pointillés est celle d'une réappréciation du rôle de l'hospitalisation. Il est évidemment urgent d'en finir avec toutes les méthodes carcérales d'hébergement. Mais cela n'implique nullement un renoncement sans nuance aux structures d'hospitalité et de vie collective. Pour nombre de dissidents de la psyché, la question ne peut plus se poser d'une réinsertion dans les structures dites normales du socius. À cet égard, on a trop souvent mythifié le maintien ou le retour plus ou moins forcé et culpabilisant au sein de la famille. D'autres modalités de vie individuelle et collective sont à inventer et ici s'ouvre à la recherche et à l'expérimentation un immense chantier.

Je pourrais énumérer d'autres cas de figure mettant en relief la dysharmonie des quatre niveaux d'intervention précédemment évoqués, révélant par exemple l'attitude pour le moins ambivalente des pouvoirs publics français à l'égard des communautés alternatives du Sud-Ouest, qui conduisit un temps mon ami Claude Sigala à un curieux va-et-vient entre les couloirs du ministère, ceux du Palais de justice et une cellule de la prison de la Santé! Mais je me contenterai d'une dernière illustration se référant à Psychiatria Democratica et à l'œuvre de Franco Basaglia, dont je salue ici la mémoire. Ce mouvement fut le premier à explorer aussi intensément les potentialités d'un travail sur le terrain, associé à une mobilisation des forces de gauche, une sensibilisation populaire et une action systématique en direction des pouvoirs publics. Malheureusement – et ce fut longtemps l'objet d'un débat amical entre Franco Basaglia et moi-même –, c'est la dimension analytique qui s'estompait ici et qui était même parfois véhémentement refusée.

Pourquoi, me direz-vous peut-être, cette insistance, comme un leitmotiv, sur cette quatrième dimension analytique? Doit-elle être vraiment considérée comme un des ressorts principaux de notre problème? Sans pouvoir m'étendre davantage, il me semble qu'il en va avec elle d'une guérison possible de la lèpre de nos institutions psychiatriques et, au-delà, de l'ensemble des équipements de wellfare, je veux parler de cette sérialisation désespérante des individus qu'ils induisent, non seulement sur leurs « usagers », mais aussi sur leurs actants thérapeutiques, techniques et administratifs. La promotion d'une analyse institutionnelle à grande échelle impliquerait un travail permanent sur la subjectivité produite à travers toutes les relations d'assistance, d'éducation, etc. Un certain type de subjectivité, que je qualifierai de capitalistique, est en passe d'envahir toute la planète. Subjectivité de l'équivalence, du fantasme standard, de la consommation massive de rassurance infantilisante. Elle est la source de toutes les passivités, de toutes les formes de dégénérescence des valeurs démocratiques, d'abandon collectif au racisme... Elle est aujourd'hui massivement sécrétée par les mass media, les équipements collectifs, les industries prétendument culturelles. Elle n'engage pas seulement les formations idéologiques conscientes, mais également les affects collectifs inconscients. La psychiatrie et les divers domaines psy ont, à son égard, une responsabilité particulière : soit qu'ils cautionnent ses formes actuelles, soit qu'ils s'efforcent de la faire bifurquer dans des directions désaliénantes. C'est relativement à cette problématique que les alternatives à la psychiatrie et à la psychanalyse prennent toute leur importance. Elles n'auront d'impact véritable que si elles parviennent à s'allier à d'autres mouvements de transformation de la subjectivité qui s'expriment de façons multiples à travers les groupes écologistes, nationalitaires, féministes, de lutte antiraciste et, plus généralement, à travers les pratiques alternatives soucieuses de dégager des perspectives positives pour la masse grandissante des « émarginés » et des non-garantis.

Mais cela implique corrélativement que les partis, les groupuscules, les communautés, les collectifs, les individus désireux de travailler dans cette direction soient capables de s'autotransformer, de cesser de calquer leur fonctionnement et leur représentation inconsciente sur les modèles répressifs dominants. Ils devraient, pour ce faire, fonctionner à l'égard d'eux-mêmes et de l'extérieur, non seulement en tant qu'instrument politique et social, mais aussi en tant qu'agencement analytique collectif de ces processus inconscients. Et là, je le répète, tout est à inventer. Tout est devant nous. C'est l'ensemble des pratiques sociales qui se trouve interpellé, qui demande à être repensé et réexpérimenté.

C'est un peu ce que nous avons tenté de faire au sein du « Réseau alternative à la psychiatrie » depuis sa création en 1975 et qui a organisé un débat international intermittent entre les composantes les plus diverses, les plus hétérogènes des professions psy

230

et des mouvements alternatifs. Il existe aussi bien d'autres initiatives. Je pense particulièrement, en Italie, aux rencontres d'écologie mentale qui seront organisées à la fin de l'année à l'initiative du groupe Topia de Bologne, animé par Franco Berardi.

Il s'agit de réaffirmer, plus fort que jamais, le droit à la singularité, à la liberté de création individuelle et collective, au démarquage des conformismes technocratiques; il s'agit de neutraliser l'arrogance de tous les postmodernismes et de conjurer les dangers de nivellement de la subjectivité dans le sillage des nouvelles technologies.

Voici les quelques éléments que je souhaitais apporter à votre débat. Permettez-moi encore, en guise de conclusion, d'ajouter trois remarques relatives à votre loi 180.

1. Il était certainement de la plus haute importance de remettre en cause la législation antérieure et tout retour en arrière vers la réinstauration des anciennes structures asilaires serait totalement réactionnaire et absurde. En France, le débat continue de tourner en rond sur la modification de la vieille loi (ségrégative et contraire aux droits de l'homme) de 1838. Mon point de vue à cet égard, qui est d'ailleurs repris de ce qui fut celui de Henri Ey, c'est que la seule solution est sa suppression pure et simple, toutes les questions en suspens ne devant relever que du Code de la santé.

2. Si l'on doit recréer des équipements d'accueil hospitaliers spécifiques – et je pense que c'est absolument nécessaire –, ils doivent être conçus comme des lieux évolutifs de recherche et d'expérimentation.

C'est dire combien il me paraît contre-indiqué de vouloir les réimplanter au sein des hôpitaux généraux.

3. Seules des formes renouvelées de mobilisation sociale permettront de faire évoluer les mentalités et de dépasser le racisme « anti-fou » toujours menaçant. L'initiative et les décisions dans ce domaine, en dernière analyse, n'appartiennent pas aux formations politiques traditionnelles, engoncées qu'elles sont généralement dans leur carcan bureaucratique, mais à la réinvention d'un nouveau type de mouvement social et alternatif.

III

ART PROCESSUEL

1975 – LES ESPACES BLEUS

« Un poids te tombe des épaules quand tu passes en territoire mexicain – et soudain, brutalement, le paysage te dégringole dessus, plus rien entre toi et l'horizon que le désert vaguement montagneux et les vautours : les uns des petits points qui tourbillonnent dans le lointain, les autres si proches que tu les entends fendre l'air de leurs ailes (un bruit sec comme un épis de maïs qu'on décortique), et quand ils aperçoivent une proie, ils jaillissent tout noirs du bleu du ciel, ce bleu horrible et écrasant du ciel mexicain, et giclent en entonnoir vers le sol... » (William Burroughs.) Merri Jolivet peint avec deux couleurs, l'une toujours la même, c'est Paris, l'autre, c'est du ciel mexicain, du blanc d'Espagne, etc. Chacune de ces deux couleurs dérive de l'autre. Ainsi, avec le bleu horrible et écrasant de Burroughs, il prépare une couleur-Paris – par épuration, lessivage, déterritorialisation des monuments du pouvoir – et ensuite, à partir d'elle, il fabrique un nouveau bleu ou un nouveau blanc, etc. L'important n'est plus la couleur en tant que telle, mais le passage d'une matière à une autre. En effet, la préparation, en elle-même, n'est pas très compliquée, elle est même à la portée de tout le monde : vous prenez un coin de Paris que vous aimez bien, vous le tapez très fort sur le rebord d'une table jusqu'à ce que les monuments se cassent en morceaux – en général, ce sont eux qui tombent les premiers – et votre couleur est prête. Vous n'avez plus qu'à fignoler les contours, si vous avez le goût à ça.

Appréhender la texture de formes familières comme une couleur pure, cesser de voir les couleurs comme quelque chose de « naturel », de pur : le ciel mexicain n'est-il pas tout aussi sophistiqué, tout aussi chargé de significations polluantes que le gris du tissu urbain ? Et ce sont peut-être même les grands espaces de la ville, plutôt que ceux du Mexique, qui recèlent, aujourd'hui, les dernières voies de passage à travers le mur du signifiant – tout au moins dans le domaine plastique. Il s'agirait en somme d'une nouvelle sorte de nomadisme, d'un nomadisme sur place.

Plutôt que de s'appliquer comme Gengis khān à effacer les villes, à reboucher les canaux et à tout ramener à l'état d'origine, on renoncerait ici à toute idée d'origine et on traiterait la nature en même temps que la ville, on reboucherait les couleurs, on les dégagerait des valeurs d'usage qui les retiennent de fonctionner selon une économie de désir ouverte tous azimuts sur le champ social. Le bleu, c'est du Ripolin. En tout cas, ce n'est plus du ciel. Et surtout pas mexicain! Et si, malgré tout, le Mexique ou le Club méditerranée tentent de se remettre de la partie, alors on emploiera les grands moyens, on aura recours à la couleur-ville. Une ville qui, peut-être, a été Paris. Mais ce n'est pas sûr et ça n'a plus d'importance. Et si la Concorde, la place de l'Alma et le Zouave s'avisaient, à leur tour, de la ramener, alors on ferait donner la couleur-vautour.

On aurait donc affaire à une entreprise de neutralisation réciproque de deux pouvoirs : le pouvoir visible des monuments sur la ville et le pouvoir invisible des significations sur les couleurs. Il n'y a d'ailleurs peut-être plus lieu de parler ici de couleur, d'opposition et d'engendrement de couleurs. Peu importe le bleu, le blanc, la ville et les monuments. Ce qui compte, c'est de se défaire d'une saloperie de signification. Et comme on ne peut pas l'arracher d'un seul coup, parce que ça risquerait de faire, comme avec les antibiotiques, de nouvelles souches encore plus virulentes, plus sournoises, plus résistantes, alors on est obligé de calculer son coup d'expérimenter de nouveaux effets a-signifiants, de mettre au point de nouvelles machines d'expression. On doit y aller avec précaution, avec méthode, comme dans le jeu du mikado : d'abord déblayer le terrain, démonter les combines signifiantes, les inductions prêtes à porter, sans jamais rien superposer, c'est-à-dire en renonçant à tout symbolisme, à toute surdétermination, à toute interprétation; ensuite, concentrer les résidus de machinisme désirant que l'on pourra détecter, faire porter le maximum de leur intensité sur les points de fragilité des encodages perceptifs et, enfin, défoncer le mur du signifiant jusqu'à ce qu'on parvienne à agencer un nouveau mode de sémiotisation qui se révélera d'autant plus opérant, au niveau de l'en deçà du moi et de la personne, qu'il aura été mieux connecté aux lignes de rupture du désir dans le champ social.

On s'attend, d'habitude, à ce que les peintres, à partir de couleurs – significatives ou non – *ajoutent* quelque chose au monde, produisent un supplément de signification, d'information. C'est leur façon de nous en mettre plein la vue, de nous constituer en regardeurs avides – en regardeurs qui investissent avidement leur passivité. Pas plus que les vieux abstraits, les nouveaux réalistes ou les conceptualistes n'échappent à cette passion d'une prise de possession du regard de l'autre, sorte de machisme du « donné à voir ». Merri Jolivet, à l'étape présente de sa tentative de dégagement de cette division aliénante du travail, en est venu à l'idée qu'il fallait, avant tout, *ne pas en rajouter.* Il ne nous impose pas, pour autant, une soustraction, il ne cherche pas à nous dépouiller de quoi que ce soit; il nous invite seulement à nous défaire *de nous-mêmes,* par nos propres moyens, selon nos propres rythmes et par tous les procédés qu'on voudra – il ne fait ici qu'en suggérer quelques-uns –, des coordonnées de notre réalité dominante. Il nous montre que c'est possible, que ça peut marcher et que c'est même comme ça qu'il a commencé, lui, à s'en sortir. Avis aux amateurs!

1983 – LA VILLE D'OMBRE

Les villes anciennes ont perdu leur âme; les groupes immobiliers et les technocrates de l'urbanisme sont venus à bout de leur puissance d'envoûtement, de la poésie qui suintait de leurs murs; même les rénovations les mieux intentionnées n'ont abouti qu'à de sinistres momifications. Mais, tel Osiris, elle tend à être reconstituée en permanence par l'imaginaire collectif. Ce phénomène n'est d'ailleurs pas nouveau; déjà les cités grecques et la Rome antique connaissaient la nostalgie des villes mystères de l'Égypte ancienne. À notre époque, c'est principalement au roman populaire, à la bande dessinée et à l'industrie cinématographique que semble impartie la confection de références pseudo-historiques, d'ersatz de mythes fondateurs. Les auteurs de « La Cité des Cataphiles » nous font découvrir une autre forme, exacerbée d'une telle recomposition fantasmatique. Ils ont étudié en ethnologues, en sociologues, en historiens, les diverses « sectes » d'amateurs des catacombes parisiennes, qui se qualifient eux-mêmes de « cataphiles » et qui mènent une vie symbiotique hasardeuse avec le corps de fonctionnaires attaché à la surveillance des anciennes carrières qui sillonnent le sous-sol de la capitale sur des dizaines de kilomètres. Leur enquête collective aborde le « mystère urbain » selon les procédures objectives de leurs disciplines respectives; mais à cela s'ajoute le fait que leur discours à plusieurs voix tend constamment à les porter vers les problématiques les plus fondamentales du rapport entre l'homme et la ville, et qu'ils sont conduits à explorer leur propre recherche sur un plan monographique, presque intime, de sorte que leur livre est beaucoup plus qu'un simple « rapport de mission »; il est une étude philosophique, psychanalytique, un roman d'aventures, un recueil de poèmes...

Si les catacombes n'existaient pas, il faudrait les inventer! C'est d'ailleurs ce que nous faisons tous plus ou moins sans nous en rendre compte, comme nous le suggère la lecture de ce livre. Pour ma part, je crois que j'ai dû entendre parler d'elles depuis toujours. Toutefois, si je ne me souviens pas avoir jamais eu l'envie de les visiter, elles sont restées tapies dans un arrière-monde préconscient, protégées par toutes sortes de pièges, de chausse-trapes recelant je ne sais quel secret, peuplées d'une foule de conspirateurs et de mutants... Rêveries communes et sans grande consistance! Peut-être! Mais indicatives de lignes de croyances qui conduisent vers d'autres envers insoutenables de notre quotidienneté : je pense à la Chine, dont il m'arrive encore de douter de l'existence, bien que j'y aie effectué un long voyage, ou à New York, que je connais assez bien, mais dont ma représentation se trouve occultée par l'image que je m'en suis faite, étant enfant, et qui a continué de vivre d'elle-même dans mes rêves et à se nourrir de certaines lectures fabuleuses, comme l'« Amérique » de Kafka.

Puissance active du mythe qui nous projette à la tangente de nous-mêmes, jusqu'« aux limites de notre impuissance » et à la « découverte de l'altérité à laquelle nous appartenons » (cf. p. 152). De tels faits de croyance, dans un contexte de grande urbanisation, ne sont nullement des archaïsmes; ils ne doivent aucunement être considérés comme des résidus de « mentalité primitive ». Cette « mission anthropologique dans les souterrains de Paris » nous démontre qu'au moindre prétexte la subjectivité collective peut se nouer, faire boule de neige – ou de la nuit – à partir des singularités les plus frustes – des graffiti centenaires, les débris d'un bas-relief naïf... pour en faire une diatase de mystère, une enzyme de désir, susceptibles de vampiriser l'imaginaire de générations successives. À cet égard, les descriptions cliniques des activités quasi délirantes de certains « cataphiles » sont tout à fait saisissantes et peut-être plus encore celles de la contamination *in vivo* des chercheurs eux-mêmes, qui ramènent en surface leur virus cataphile, comme naguère les coloniaux leur paludisme à leur retour en métropole.

La maladie cataphilique, celle du mystère urbain porté à son paroxysme, sous d'autres formes, guette peut-être tous ceux qui sont « en manque » fusionnel, en carence de *numen*. Quoi qu'il en soit, il s'agit de bien autre chose que d'un innocent passe-temps, d'une drogue douce comme l'amour des caves de Saint-Germain-des-Prés, les évocations nostalgiques des anciennes « fortifs » ou l'art néorupestre qui a commencé de fleurir dans les couloirs du métro.

C'est une drogue dure, qui implique des ascèses bien particulières; à cet égard, il nous est recommandé de ne pas confondre les « nomades graffiteurs » et les « cataphiles propriétaires » (p. 106). Elles se travaillent avec la même ténacité que celles des sadomasochistes, qui se construisent un « corps sans organe », en se faisant coudre la bouche, le sexe, les paupières... Recoudre la ville sur soi-même, porter au point de fusion le noir du vide et le noir du plein (p. 130), vider les surfaces socialisées de leurs significations luminescentes (p. 181 et 221)...

Mais à quelle fin? À quoi bon ces implosions vertigineuses dans l'en deçà du jour et de la nuit? Pour réimpulser la lutte de Thanatos contre Éros, l'un et l'autre épuisés par des décennies d'abus psychanalytiques? Ce n'est certes pas sur ce terrain que nous entraînent nos auteurs! Leur envers de la ville n'est pas un arrêt de mort. Bien au contraire, le rhizome des intensités-catacombes qu'ils nous font découvrir constitue une méga-machine de désir, porteuse de vie à l'incandescence ou, à tout le moins, des plus folles « relances », comme en témoigne par lui-même le caractère surprenant, « dopant » de cet ouvrage.

1983 – ENTRETIEN AVEC ÉLISABETH D. À PROPOS DE SON PREMIER ROMAN : « SA MAJESTÉ-TITI LES GRAFFITI »

F.G. – La lecture de ton livre m'a vraiment surpris. Elle a ramené en moi une sorte « d'état naissant » de la matière écrite. C'est quelque chose que je n'ai guère ressenti qu'au contact de grands mutants comme Dostoïevski, Rimbaud, Céline, Kerouac. Tu as vingt-trois ans, c'est ton premier livre, tu es immature. Tu ne sais trop si tu es homme ou femme et l'on ne peut évidemment rien prédire sur ce que sera la suite de ta trajectoire ! Mais ce qui est sûr, c'est que, d'emblée, tu as pris le relais de cette extraordinaire période de créativité qui fut celle des années soixante que toute le monde disait dépassée, enterrée, ringarde.

E.D. – C'est curieux. J'ai l'impression d'avoir fait l'impasse sur cette époque. Les surréalistes, les romantiques, l'Antiquité grecque, ce sont des périodes littéraires qui m'ont marquée. Mais sur les années soixante, je n'ai rien lu. Pourtant, depuis que j'ai seize ans, ce sont précisément les gens de cette génération que je fréquente et avec qui je travaille. Je crois que nous avons conclu un pacte tacite : vous ne me parlez pas de votre passé et vous avez le droit de retourner votre veste. Ni vu ni connu. Moi, je ne

243

vous interroge pas sur votre histoire et j'ai le droit d'être naïve et de tout redécouvrir. Les gens de ma génération, je ne sais pas où ils étaient. J'avais quitté le lycée deux ans avant le bac et comme je travaillais, je ne les croisais plus. Depuis je vis en individu isolé, je capte des choses à droite à gauche, mais je ne me sens aucune appartenance à aucun groupe. Mon livre, c'est en partie sur cette solitude.

F.G. – C'est comme si tu extrayais des problématiques politiques que tu évoques – le mur de Berlin, le problème des Noirs aux États-Unis, les rapports de la femme à la société, avec ce personnage extraordinaire de Magda Stein – toujours le même ombilic de solitude, à partir duquel tu recomposes tes situations romanesques.

E.D. – Oui. Tous les personnages de mon livre mènent une lutte solitaire et qui tourne autour de leur nombril. Par exemple, les deux personnages de l'Est n'appartiennent pas à la génération des « dissidents ». Ils ont moins de trente ans. Ils sont isolés dans leur pays car ce sont deux révoltés, non pas contre le régime, mais contre eux-mêmes.

F.G. – Ce sont des dissidents de l'existence.

E.D. – Exactement. Et quand ils débarquent en Occident, ils ne sont pas accueillis par la communauté dissidente. Ils ne bénéficient pas de l'asile politique. Ils n'ont aucun statut. Ils sont paumés. Ils deviennent alors boulimiques, mystiques ou fous.

F.G. – Avant de te rencontrer, je t'ai imaginée à travers le personnage principal de ton roman comme une « Pénélope en socquettes. » Je me suis dit : tiens, derrière cette période lamentable qui a vu sombrer tous ceux de ma génération, ou peu s'en faut, qui étaient quelque peu vivaces, il y avait des Élisabeth D. qui attendaient leur tour. Qui s'apprêtaient à reprendre tout ça et à le porter plus loin. Beaucoup plus loin. Et ailleurs... Parce que si c'est à peu près le même contenu, les mêmes émotions new-yorkaises ou berlinoises, les mêmes embringues sexuelles, tout se trouve changé du fait du décentrement narratif que tu opères. Beaucoup plus tard, une fille, très jeune, hors contexte, retraverse avec une totale innocence, une grâce bouleversante, les arrière-mondes de misère et de désarroi des sociétés dites « hautement développées ». Et pourtant, « *Sa Majesté-Titi les Graffiti* » n'est nullement une œuvre rétro, un come-back. Tout au contraire! Puisque à la façon des grands écrivains, tu reprends les mots, les images qui traînent autour de toi depuis ton enfance, pour engendrer d'autres intensités, d'autres univers...

E.D. – Je me définis comme une enfant gâtée par l'après-guerre et l'après-68. Je ne sais pas ce qu'est la mort, ni la guerre, ni la révolution. Je crois que c'est ce qui me pousse à rompre avec mes relations et préférer la solitude. Je ne supporte pas de m'installer dans un confort affectif.

F.G. – Non seulement tu romps, mais tu tues les gens. Parce que si on y réfléchit bien, tu zigouilles absolument tous les personnages. C'est comme s'il fallait que tu viennes à bout de tes relations aux autres. C'est quelque chose d'ambigu et de passionnant à suivre : tu cherches à leur extraire quelque chose par amour et, en même temps, à les maîtriser pour qu'ils te foutent la paix, pour que tu puisses continuer... Quoi? Ton écriture précisément. Je le suppose. Ou ta vie...

E.D. – Si on porte un point de vue moral là-dessus, on peut me reprocher d'utiliser les gens pour mon propre épanouissement ou de ne pas savoir ce que c'est que l'amitié et encore moins l'amour.

F.G. – Tu le ressens de façon pénible?

E.D. – Oui! Oui! Mais, en même temps, c'est une telle liberté.

F.G. – C'est la disponibilité. La chose la plus rare du monde.

E.D. – C'est Gide qui m'a marquée là-dessus. J'ai lu *L'Immoraliste* à quatorze ans. À cette époque, je ne vivais rien et, pourtant, la disponibilité m'était apparue comme la valeur première de ma vie. Je n'ai pas relu le livre depuis. Je me demande... La disponibilité. C'est facile à vivre à mon âge. Mais quand tu commences à avoir trente, quarante ans... Déjà, les jours de cafard, je ne la vis plus comme un choix, mais comme une condamnation. Je me vois comme le *fliegende Holländer*, ce personnage de Wagner qui erre à travers les tempêtes sur un navire, sans avoir le droit d'avoir un port d'attache. Alors là, c'est très très angoissant et tu te dis qu'un jour, tu n'auras plus l'énergie de repartir et que tu te tueras. Mais les autres jours, c'est une dynamique formidable. C'est évident. C'est le vertige.

F.G. – Ton livre se présente comme un roman, mais c'est un livre de poésie. D'abord, il contient des poésies. Et ensuite son écriture poétique paraît avoir pour mission de « doubler » la narration prosaïque pour rendre compte de tes expériences d'adolescence et d'enfance. C'est, je le répète, une coulée poétique à l'état naissant. C'est un phénomène rare. Parce que toute la société est organisée pour que ça ne se produise pas. Parce que la poésie est une forme de lutte, de guerre secrète contre le monde des significations dominantes, des redondances oppressives. Mais peut-être qu'on aura vite fait de lui faire un sort, à ton explosion poétique! En faisant qu'elle ne sorte pas de l'ombre ou qu'on la célèbre en l'étiquetant aussitôt. Une nouvelle Sagan. Pourquoi pas! Très bien! Au revoir! Ou que tu t'en détournes toi-même, que tu te sabordes... Le prototype reste Rimbaud. Une éruption fulgurante et puis après, pfuitt... du sable, du désert. On conserve quelques cendres sur la cheminée, on célèbre un culte. Mais l'essentiel du rimbaldisme et des élisabethismes de tous les temps, c'est l'affirmation d'une fêlure, d'un processus proliférant de création. La poésie, ça ne va pas de soi! Comme l'a dit un jour Fernand Braudel à propos de l'histoire, ça peut mourir, disparaître de la surface de la planète et ne plus subsister qu'à l'état de relique.

1984 – GÉRARD FROMANGER, LA NUIT, LE JOUR

Ce que l'on peut espérer de mieux d'un peintre, c'est qu'il devienne secrètement votre ami, qu'il se transforme en démon familier, déployant en votre for intérieur des scènes de rêve pour vos commémorations intimes, des fêtes galantes pour vos jours de grisaille. Cézanne, ses ocres et ses polyphonies méditerranéennes; les sortilèges de Chagall; les mystères du Douanier; le cri de Munch... Tout un carrousel d'autocollants imaginaires pour pallier les terres natales dévastées, les lessivages incessants de nos espaces préfabriqués; pour inculquer à nos âmes amollies quelques recettes de tri entre le bon goût et l'ivraie; pour y inscrire, en désespoir de cause, quelques traits distinctifs de rang et de caste.

Précisons d'emblée que ce n'est pas dans ce registre que Fromanger s'est employé, depuis plus de vingt années, à faire fonctionner son œuvre. Toutes les occasions qui lui furent données – et elles furent nombreuses – de se faire une place dans le panthéon portatif de l'iconographie contemporaine, il les a, si l'on peut dire, consciencieusement gâchées : en déroutant la critique avec ses brutales ruptures de style;

en remettant constamment à zéro le curseur de sa création; en s'engageant inconsidérément, du point de vue des maîtres du marché, dans de nouvelles tentatives, de nouvelles gageures.

Si l'on tenait à toute force à périodiser ses « années d'apprentissage » – une fois dit qu'à la différence de Goethe elles n'auront probablement d'autre terme que sa propre mort –, on basculerait d'un expressionnisme figuratif de couleur sombre dans un lumineux abstractionnisme qui, d'ailleurs, n'en est pas un, puisque, comme l'a fait remarquer François Pluchard, la figure y est autant le tremplin de l'abstrait que l'abstrait celui de l'image [1]; on passerait, ensuite, à une phase réaliste rouge, saluée par Jacques Prévert et Gilles Deleuze, et fort justement démarquée, par Michel Foucault, de l'hyperréalisme américain, qu'elle a précédé de plus de huit années; après la période de coupure militante et de réflexion, on en arriverait à cette explosion d'une véritable « danse des codes », pour reprendre l'heureuse expression d'Alain Jouffroy, qui devait déboucher sur une expérience toscane onirique, dont la sérénité ne saurait toutefois faire longtemps illusion quant à d'éventuels soubresauts ultérieurs. D'ailleurs, nous y sommes déjà, avec cette fresque époustouflante, *La Nuit, le jour,* qui sidère le regard, fascine l'esprit, où, sur huit mètres de long, s'enlacent dans une danse, celle-ci érotique et mortelle, des corps-couleurs nus.

Mais à quoi bon ces sortes de recensions diachroniques! Pourquoi ne pas rechercher plutôt les muta-

---

1. *Combat,* 29 janvier 1968, « Fromanger : la volonté d'inventer son époque ».

tions synchroniques qui, à partir d'un même éventail de composantes d'énonciation – composante étant ici entendu comme on dit, aujourd'hui, une « imprimante » ou, hier, une « aile marchante » –, pourraient nous permettre de mieux cerner la passion processuelle qui habite ce peintre ? Il m'apparaît que toutes se nouent sur une même question : « Qu'est-ce que peindre aujourd'hui ? » Que peut encore signifier une telle pratique, après l'effondrement des systèmes de représentation qui supportaient les subjectivités individuelles et collectives jusqu'au grand balayage d'images mass-médiatiques et à la grande déterritorialisation des codages et surcodages traditionnels qu'a connus notre époque ? C'est cette question que Fromanger a pris le parti de peindre. Il est le peintre de l'acte de peindre. *Painting act,* au sens où les linguistes anglo-américains de l'énonciation parlent de *speech-act.* Quand peindre c'est faire : l'artiste devient celui qui fait le regard et qui engendre, à travers lui, de nouvelles formes d'existence. Cela étant, que faire des contenus, après l'impasse où se sont retrouvés les tenants de l'abstraction, du minimalisme, de l'ascétisme support-surface et toutes les sectes formalistes qui ont cru que, par la seule vertu de leur négation, il leur serait donné de franchir le mur des significations dévaluées et activement dénaturées ? Et comment déjouer, désormais, le retour, avec les tambours et trompettes que l'on sait, de la figuration conservatrice – ce gigantesque carnaval qui a su se rendre incontournable à mesure qu'il parvenait à répondre, même par les voies les plus débilitantes, à un authentique désir de reterritorialisation subjective ?

250

Curieusement, tout semble s'être passé comme si Fromanger avait prévu, de longue date, ce dernier coup. Rétrospectivement on peut, en effet, considérer que sa peinture « photogénique » (ou « photogénétique ») n'aura été, pour lui, qu'une sorte de pressentiment et de conjuration du trou noir catastrophique qui menace l'avenir même de la peinture dans nos sociétés par son rabat brutal, on pourrait presque dire bestial, sur de prétendues réalités plastiques de base et sur une prétendue « peinture de toujours ». Le réalisme de Fromanger n'a évidemment jamais rien eu à faire avec une telle sorte de réhabilitation du contenu! Il a consisté plutôt en une expérience de traitement des réalités et significations dominantes, afin d'en extraire, comme d'un minerai, de nouveaux matériaux picturaux. Ce fut le cas, pendant longtemps, avec son recours fréquent aux citations (par exemple, de Topino-Lebrun, en 1975, ou de *La Dame à la licorne* en 1979) dont il fit un usage tout différent – matriciel, catalytique, bref, créatif – de celui, ultérieur – plat, dérisoire, navrant – de la dénommée « trans-avant-garde ».

Fromanger s'est appliqué à casser et à réinventer concurremment les rapports d'expression et les rapports de contenu. Pour l'expression, c'est la couleur qui a été son vecteur porteur. Il s'est efforcé de la détacher des figures auxquelles elle était « normalement » assignée. Puis il a procédé au dérèglement systématique de cette « harmonie des couleurs » que ses devanciers avaient cru pouvoir ériger en science ou en dogme. Il a entrepris de traiter les six couleurs primaires et complémentaires sur un pied d'égalité, les amenant à jouer, chacune à leur tour et selon leur tempérament propre, toutes leurs gammes de possibles, leurs thèmes et variations, leurs préludes et fugues. Il l'a fait avec la même sorte de rigueur, de grâce et de maturité enfantines, que celles d'un Jean-Sébastien Bach – cet autre prodigieux initiateur de la processualité baroque – dans son *Clavecin bien tempéré*.

Ayant libéré les couleurs de leurs contraintes antérieures, il lui était loisible de les faire entrer en concaténation, selon des formules inédites et inouïes, avec d'autres codes qui, par contrecoup, se trouvaient eux-mêmes exposés aux remises en question les plus radicales. C'est dans le parcours de la grande série *Tout est allumé*, présentée au centre Pompidou en 1979, que ces nouveaux rapports de transcodage furent le plus largement déployés. Ils engageaient des jeux de symétries, des batteries de contrastes, des répétitions, des rythmes, des archétypes géométriques, des séries modulaires complexes, des intensités caloriques, des accélérations, l'ensemble des procédés techniques de la peinture, divers systèmes de catégories anatomiques, géographiques, politiques, statistiques, mythographiques, et, pour couronner le tout, Sa Majesté le Code de la route, comme paradigme de tous les autres codes sociaux.

Sur une même palette généralisée et déterritorialisée se trouvaient donc désormais réunies des données d'expression a-signifiantes et des données de contenu signifiantes [1]. En ce qui concerne ces dernières, c'est

1. Michel Foucault a parfaitement décrit l'enjeu de cette levée des « privilèges du signifiant » que le structuralisme lui avait conféré. « Et des discours moroses nous ont appris qu'il fallait préférer à la ronde des ressemblances la découpe du signe, à la

la silhouette humaine qui fut très tôt choisie comme composante porteuse. C'est sur elle que devait être progressivement mis au point un jeu de bascule figure-fond, de plus en plus subtil, entre le contenu et l'expression. Impossible, par exemple, d'assigner une place stable à ces *Gestalt* monochromes, noires, rouges ou blanches, qui traversèrent, pendant plus de dix ans, de nombreuses toiles de Fromanger. Ne s'agissait-il que d'un support d'occasion à l'architectonique des couleurs ? Ou était-on déjà en présence d'une première approche de la peinture sérielle-modulaire, qui ne trouvera que plus tard sa pleine expression avec *La Nuit, le jour ?* Ou peut-être l'empreinte d'envahisseurs extraterrestres! Mais ils se présentent d'une façon tellement plus sympathique que notre propre humanité grise, qu'on aurait mauvaise grâce à ne pas s'allier à eux! Quoi qu'il en soit, le seul vrai problème qui demeure, encore et toujours, avec Fromanger, se trouve du côté des processus d'énonciation.

Considérons deux expériences sérielles. En 1974, Fromanger expose seize variations sur un balayeur noir à la porte de sa benne, où la couleur joue sur une même structure photographique. En 1983, il présente dix variations intitulées *Le Palais de la découverte* où, déjà, la nuit et le jour s'étreignent par le biais de huit séries de composantes : la couleur, bien sûr!, la disposition des éléments, un cou-

course des simulacres l'ordre des syntagmes, à la suite folle de l'imaginaire, le régime gris du symbolisme. » (« La peinture photogénique », plaquette de présentation d'une exposition de Fromanger : *Le désir est partout*, éditée par la galerie Jeanne Bucher, 1975.)

ruban penché comme une tour de Pise, un cercle-soleil évoquant ceux de la période des bois découpés de 1967, un carré-nuit qui s'abaisse et diminue de taille en raison inverse du soleil, une tête antique, une voie lactée et un paysage étrusque. Mais, entre-temps, que s'est-il passé? La question *princeps* : « Qui parle à travers une toile peinte? » a changé de forme d'expression. Au départ – mais un tel processus ne comporte, en réalité, ni commencement ni fin, seulement un devenir –, elle se matérialisait dans la découpe de l'auteur lui-même, campé au premier plan des regards portés sur son œuvre, tel un cow-boy de western en contre-jour sur son troupeau. Ce narcissisme, joyeusement assumé dès la série *Le Peintre et le modèle* (1972), devait s'effacer, ensuite, devant une diversification du regard de l'énonciation. Nous n'en relèverons ici que les principaux cas de figure :

– en 1979, au cœur de la série *Tout est allumé,* c'est sous forme d'un énoncé scriptural (« Je suis dans l'atelier en train de peindre », nœud intensif du « cogito pictural » de Fromanger) que la question fait explicitement surface;

– en 1980, dans la série *Luftmalerei,* la silhouette humaine subit deux sortes de démembrement : d'abord selon les lignes horizontales ondulantes (*Danzatore*) et selon un entrelacs de lignes en deux dimensions (*Anna e pastelli);*

– en 1982, dans la série *Allegro,* c'est un briquetage mural qui absorbe un homme guidant un cheval et leurs ombres (*Salto di gatto*) et, sur une autre toile, une vingtaine de bustes d'hommes et de femmes (*Testa avanti*). Relevons, cependant, que ce type d'absorption n'est pas tout à fait sans précédent, puisqu'on en trouve une variante, dès 1975, avec les silhouettes hachurées, comme des cartes de géographie, des personnages de l'*Hommage à Topino-Lebrun;*

– au cours de cette même série *Allegro,* le processus s'accélère par le démembrement linéaire de corps humains *(Guerra)* puis par leur éclatement en particules lumineuses *(Vita* et *Toscana, Toscana);*

– dans la seconde fresque également de cette série *(Siena-Parigi-Siena),* les silhouettes humaines paraissent avoir retrouvé une unité apparente, mais, en revanche, elles se mettent à proliférer en une foule qui envahit jusqu'à l'horizon et au sein de laquelle on peut discerner un sous-ensemble de personnages en camaïeu bleu, pochés bleu-violet, sorte de réminiscence démultipliée du témoin du *Peintre et le modèle.*

Et enfin, au terme (provisoire) de cette évolution, nous arrivons à cette pluie d'yeux de *La Nuit, le jour,* comme cinquante coups de tampon d'un facteur fou à qui aurait été imparti la mission d'exprimer l'éclatement définitif du regard de l'énonciation. Il ne pourra plus, désormais, s'incarner ni comme point de vue localisable, ni comme « quant-à-soi ». Les yeux ont perdu leur couleur et presque toute leur expressivité spécifique. Ils ne s'en affirment pas moins, avec une intensité accrue, comme voyance des occurrences les plus érotiques et comme immanence d'une troisième dimension sans perspective du désir.

Celui qui peint, l'« actant » qui se trouve être ce peintre-là, a été ainsi entraîné dans une irréversible déterritorialisation des corps et des codes, opérant aussi bien en deçà qu'au-delà des délimitations personnologiques. L'originalité de cette transformation, telle que l'a pilotée Fromanger, c'est qu'elle n'aboutit pas à une décomposition, comme dans la lignée Soutine-Bacon ou à une désexualisation, comme dans celle des formalistes américains. On assiste, au contraire, à une recomposition corporelle et à la refondation d'une énonciation picturale, où il ne sera plus question de décalquer des représentations fermées sur elles-mêmes, mais de cartographier des processus créateurs de nouveaux modes de subjectivation.

Mais il nous faut revenir, une fois encore, à *La Nuit, le jour,* car cette fresque sera appelée à occuper une place nodale dans l'œuvre de Fromanger et, peut-être même, qui sait!, à devenir le manifeste de la peinture processuelle. Cela tient à ce que les composantes principales de son inspiration y sont portées à un point de fusion «plasmique», pour emprunter au vocabulaire de la physique des hautes énergies. Outre ce rideau d'yeux, dont j'ai dit qu'il démultipliait la question de l'énonciation, on y retrouve les croisements de code entre expression a-signifiante (couleurs, figures, contrastes, rythmes, ritournelles...) et contenu significatif, lesquels résonnent, ici, à partir d'un même «module» corporel humain, qui mise ses «petites différences» – tel le clinamen stoïcien – sur une gamme d'affects de joie, d'Éros, d'humour et aussi d'inquiétante étrangeté. En deux fois sept groupes de six et selon la préséance du jaune, orange, rouge, violet, vert, bleu et noir, ces modulos «négocient» les uns vis-à-vis des autres des degrés de liberté qui vont en se rétrécissant, à mesure qu'on se rapproche du point de saturation de l'espèce de partie de go qu'évoque cette composition. Chaque segment spatial s'y trouve tributaire de l'agencement modulaire d'ensemble et, corrélativement, dépositaire d'un « concentré » holographique de son effet global, « comme le soleil se reflète dans chaque gouttelette » [1].

La nouveauté de cet agencement réside dans le mode d'association des deux composantes de base : couleur et corps humain. On se rappelle que, jusque-là, il revenait à une silhouette en aplat monochrome, à un corps-couleur-sans-organe, de détacher une dimension du regard, comme pour tenir à distance (et peut-être surveiller) les ébats entre forme d'expression et forme de contenu. Mais ici, la topique triangulaire de l'a-signifiant, du significatif et de l'énonciation perd ses droits et, avec elle, celle du Ça, du Moi et du Surmoi. Le regard s'est détaché d'une couleur circonscrite et mène sa propre vie sur l'ensemble de la toile. Pour en arriver là, Fromanger a dû procéder à deux choix périlleux : celui de la surimposition des yeux et celui de leur couleur. Sa composition de corps nus – dont l'ébauche perpétuelle, il nous en a fait la confidence, peuplait à l'infini les marges de ses cahiers d'écolier et de lycéen – étant enfin acquise, il avait rendez-vous avec le vertige qui l'a toujours poussé, juste en fin de partie, à risquer le tout pour le tout : pour rompre l'harmonie plastique; pour provoquer, détonner; pour que « ça ne fasse pas peinture moderne »; pour échapper, par un point de fuite aveugle, par exemple

---

1. J'emprunte cette image à Mikhaïl Bakhtine, qui l'utilise dans la définition plus générale du domaine culturel, *Esthétique et une théorie du roman,* Gallimard, 1978, p. 40.

à André Masson ou, ici, aux papiers découpés de Matisse; pour signer singulièrement son œuvre, comme peut l'être le rêve, selon Freud, d'un point d'ombilic : « où il se rattache à l'Inconnu ». C'est déjà cette passion de la fracture créatrice qui nous a valu au beau milieu de ses toiles les mieux équilibrées l'irruption de poissons volants, de bicyclettes, de lionnes étrusques... Cette fois, c'est un capitonnage d'yeux multicolores qui s'imposait à lui. Sitôt vu, sitôt fait! Et tout fut perdu sur le coup : le tableau s'effondra immédiatement sur lui-même. Alors il reprit les yeux en noir et tout s'éclaira d'une lumière nouvelle : la troisième dimension sans perspective du regard faisait vibrer de façon fulgurante l'intersection structurelle des corps et des couleurs et se déployer des lignes d'univers débordant de toutes parts les coordonnées significatives antérieures. La singularité avait cessé d'être paradoxale, exotique, exotopique. Elle proliférait, légiférait, amplifiait les moindres décrets de signifiance. Une nouvelle étape était franchie dans le démantèlement de l'idéal identitaire qui hante la peinture contemporaine; un nouveau pas venait d'être fait vers l'invention d'une subjectivité mutante, loin des équilibres dominants, aspirée par des devenirs danse de l'Éros, des devenirs femme du désir, des devenirs cosmiques des corps, des devenirs invisibles du regard.

1984 – BUTO

Tanaka Min
le dauphin des ténèbres
ses feux Zen sous les pas du miracle japonais
d'autres circonscriptions du sens
un corps-sans-organe
en deçà des identités industrielles
au-delà des programmations narratives
lenteurs à la vitesse de la lumière
horizontalités animales
pour arracher ses danses au cosmos
diagrammes d'intensités
à l'intersection de toutes les scènes du possible
chorégraphie d'un coup de dé du désir
sur une ligne continue de naissance
devenir irréversible des rythmes et ritournelles d'un
événement-haïku
I dance not in the place but I dance the place
Tanaka Min
the body weather
le roi nu de nos mémoires impossibles de l'être

1985 – LE « TOUJOURS JAMAIS VU » DE KEIICHI TAHARA

Déjà tant de choses, de mots, de gens s'agitent en tous sens! Comment s'y retrouver! Keiichi Tahara, quant à lui, a pris le parti de n'en conserver qu'une, sur laquelle il focalise sa sensibilité psychique et sa perception photographique. Mais, pour que tout ne se bloque pas dans une fascination muette, cette chose ultime, il la choisit vibrante, fluctuante, à la limite du point de fusion d'où elle peut se charger d'une imprévisible puissance de prolifération. Et pour se composer un regard à tâtons, pour retrouver les arêtes d'un monde à l'état naissant, il lui faut opérer un décadrage radical de l'acte photographique, en le dessaisissant de son vieil idéal de dénotation objectale et en le recentrant sur les mutations de l'énonciation visuelle qui résultent de son « armement » par les moyens techniques les plus sophitiqués.

Paradoxalement, le « jamais vu », qui se trouve ainsi dévoilé, s'emboîte à la perfection avec les « déjà vus » les plus archaïques, les plus archétypiques, en sorte qu'on pourrait dire de la subjectivité machinique – ou machinée – produite par ce dispositif complexe qu'elle est la plus intime qui se puisse pressentir sans

260

jamais pour autant nous devenir familière. Parce que sans affectation fixe; parce que errante à la manière d'une âme morte que les rituels de deuil n'auraient pas encore apaisée... Menaçante par sa charge d'arbitraire, et cependant nécessaire, rassurante par son arrimage aux évidences les mieux assurées. Oui! C'est bien une fenêtre, c'est un radiateur, c'est un type à lunettes qui porte un chapeau rond...

À partir de quelles incidences visuelles pourrons-nous déceler ce retournement sur lui-même de l'objectif de Keiichi Tahara et ce nouveau primat de l'énonciation?

En premier lieu, celles de sa présentation la plus extérieure : déjà les ombres portées par les cadres du fait de leur angle d'adossement sur les murs de la salle d'exposition et les reflets abrupts sur les verres qui les supportent; et les choix rythmiques présidant à leur disposition spatiale qui les articulent selon des temporalités multiples; bref, tout un art du fugace, familier à l'Orient, qui extranéise des cristaux d'incorporels; les contenus iconiques ne subsistant, pour un temps, qu'à titre de prétextes existentiels. Ensuite, comme en contrepoint dysharmonique, l'intrusion de singularités de surface – griffures, frottages, coulures, empreintes diverses – héritées de techniques de la peinture d'aujourd'hui. (Ne me suis-je pas surpris moi-même à tenter d'effacer, mouchoir en main, des traces de doigts bel et bien intégrées à un tirage, au demeurant d'une pureté technique sans égale!)

Le cadrage intrinsèque, de son côté, a été conçu pour engendrer une insécurité permanente des rapports figure/fond, tant en profondeur que sur un plan frontal. Des modules primaires de sémiotisation se trouvent ainsi mis en état de faire travailler à leur propre compte, si l'on peut dire, la perception et les affects. Plutôt qu'au « processus primaire » freudien du rêve – trop à la merci du retour de manivelle de l'« élaboration secondaire » –, je pense ici aux « phénomènes fonctionnels » propres aux états crépusculaires décrits par Sylberer ou aux « expériences délirantes primaires », recencées par Karl Jaspers, qui accompagnent ce qu'on appelle communément les « bouffées délirantes ». Mais qu'on m'entende bien, il ne s'agit aucunement d'assimiler ces photographies aux planches d'un test projectif tel que le Rorschach, dont les symétries obsessives programment une irrémédiable clôture subjective. Machines à défaire le sens commun des formes, les diagrammes de Keiichi Tahara nous projettent, tout au contraire, dans un univers sans bornes prévisibles, sans délimitation identitaire. Des scènes d'énonciation hétérogènes s'y étaient selon des topiques singulières, dont aucun paradigme structural ne saurait livrer la clé. Des accords de sens inouïs y déploient des harmoniques et des dissonances n'ayant de compte à rendre à aucun principe de contradiction ou de raison suffisante. Un mont Blanc de papier d'argent s'enflamme au contact d'un cadre posé contre le coin du mur... Une comète entre chien et loup traverse un éther de sensualité granuleuse... Un explorateur tropical – encore le type au chapeau rond – reste en suspens entre les lames du parquet et une forêt de séquoias domestiques... Une vitre explose en gesticulations kanji, puis se fige en temple zen futuriste... Une *Victoire de Samothrace* – toujours en papier d'argent – s'apprête à sauter par la fenêtre... Une intimité abstraite de Mondrian, qui devait somnoler depuis la nuit des temps au-dessus du radiateur, s'éveille dans un effet de serre, digne de Vuillard ou de Bonnard... Le moi, le je, l'autre et tout le reste à la suite dévalent en cataracte dans un sombre aquarium où trône l'œil impavide d'un poisson égyptien...

1984 – KAFKA :
PROCÈS ET PROCÉDÉS

> « ...il était surtout nécessaire,
> s'il voulait parvenir au but,
> d'éliminer a priori toute idée de culpabilité. »
>
> *Le Procès,* chap. VII.

Jusqu'à sa rencontre avec Félice Bauer, la technique littéraire de Kafka se ramenait à quelques *procédés* capables de faire résonner sur un mode poétique des séquences contemplatives. La double révélation de son amour pour Félice et de son incapacité manifeste d'en assumer les conséquences le conduisit à modifier profondément son appréhension de la littérature. Il s'est alors trouvé impliqué dans un *processus* de transformation de son rapport à l'écriture lui permettant, sinon de surmonter cette épreuve, du moins d'y survivre (on sait qu'il fut, durant cette période, littéralement hanté par l'idée du suicide). Beaucoup plus qu'une simple crise, s'inscrivant sur une ligne d'évolution continue, il s'est donc agi d'une rupture profonde, d'une mutation de son univers mental, engageant un *nouveau paradigme* littéraire, à l'exploration duquel une part importante de son œuvre ultérieure devait être consacrée.

Certains commentateurs se sont employés à rattacher l'œuvre de Kafka à la littérature du XIXᵉ siècle, voire même à celle du XVIIIᵉ. Une telle démarche ne paraît relativement pertinente que pour la part de l'œuvre relevant du *procédé* antérieur aux années 1912-1914. En revanche, elle risque de manquer la *crise processuelle* qui en constitue le ressort décisif. Elle implique un abord réducteur, une lecture « plate », méconnaissant le caractère essentiellement brisé, fragmentaire du discours kafkaïen, qui interdit qu'on puisse tenir pour séparés les textes achevés, les ébauches, les variantes, la correspondance, le journal, bref, l'ensemble des éléments relatifs à la trajectoire vécue. Ce problème de positionnement historique n'est pas académique : il ne relève pas d'une de ces querelles, dont les manuels scolaires sont friands, entre des anciens et des modernes ; il appartient à l'œuvre elle-même. Car, d'une part, certains de ses traits stylistiques effectivement classiques paraissent se développer avec la rigueur et l'austérité d'une fugue de Bach ou d'un oratorio de Haendel, à partir d'une cellule thématique centrale, faite de ruminations obsessives, d'inhibitions et de fuites éperdues, d'actes manqués et de questionnements schizos, tandis que, d'autre part, ce même oratorio ou cette fugue ne cesse de déborder de son cadre proprement littéraire pour se propager, par le biais de dimensions trans-sémiotiques multiples et selon la formule la plus moderne de l'« œuvre ouverte », dans tous les arts, dans la politique, aussi bien que dans le langage et la sensibilité ordinaires. On ne saurait que perdre l'« effet Kafka », dans son efficace actuelle et sa vitalité insistante, si l'on ne se déprenait pas de l'*illusion rétrospective* qui consiste à appréhender les pièces proprement littéraires – les nouvelles, les romans – comme des totalités potentiellement achevées, comme des œuvres qu'en d'autres circonstances leur auteur eût pu achever. C'est précisément cet inachèvement foncier, cette précarité chronique qui confère au kafkaïsme sa dimension processuelle, sa puissance d'ouverture analytique, qui l'arrache à l'héritage normatif qui a lesté presque toute la littérature du XXᵉ siècle.

L'effet d'énigme, l'ambiguïté permanente engendrés par le texte kafkaïen tiennent, selon moi, à ce qu'ils déclenchent chez le lecteur, parallèlement à son niveau de discours littéraire manifeste, un travail de processus primaire, à travers lequel viennent à l'expression les potentialités inconscientes de toute une époque. D'où la nécessité, pour appréhender cette dynamique, de ne pas isoler les données littéraires des données biographiques et historiques. À cet égard, il serait peut-être profitable de rapprocher ce type d'énigme de celles portées par des œuvres également surgies au carrefour de plusieurs « constellations d'univers » – je pense en particulier aux peintres qui eurent à assumer, de plein fouet, les conséquences de la coupure cézannienne : on y retrouverait la même traversée, à contresens, d'une *texture signifiante* par un *procès a-signifiant*, déployant des lignes de fuite mutantes, tant logiques qu'affectives.

Le Procès, à ce point de bascule entre le procédé et le processus, pourrait ainsi être lu comme l'histoire de l'affirmation d'une nouvelle machine scripturale analytique sur un vieil idéal identitaire. On y voit, en surimpression, d'anciennes intensités expressionnistes – dont la mise en valeur demeure prédominante dans les cinq premiers chapitres –, une technique répétitive de figures et de schèmes abstraits. Autre dilemme : autre piège! Ces figures et ces schèmes, convient-il de les rapporter à une même « structure profonde », à une même axiomatique fantasmatique, comme l'image des thèmes et variations nous y invitait précédemment? Partent-ils, au contraire, à la dérive, proliférant en « rhizome » à l'exploration d'effets de sens et d'affects en rupture de ban ou végétant dans les limbes? Ici également, les deux voies paraissent se chevaucher; car ce travail de processus primaire opère non seulement à l'encontre des significations et patterns dominants, mais fait aussi retour sur eux pour en détourner les finalités éthiques et micropolitiques, et pour en promouvoir un nouvel usage. Soulignons que la question n'est pas de déterminer si, au bout du compte, ce détournement est inscrit dans une perspective globalement religieuse, laïque ou anarchiste, mais seulement de prendre acte de ce dont Kafka a maintes fois fait l'aveu : à savoir qu'il s'est adonné à la littérature comme à une perversion qui a fini par s'imposer entre lui et la société ordinaire. C'est de cette tension au niveau le plus élémentaire entre deux modes de concaténation du sens – l'un de maintien d'un état des choses corrélé à diverses formes de conservatisme bureaucratique et à une expression littéraire classique, l'autre de percussion, d'éclatement et de recristallisation des redondances familières – que naissent ces effets signalétiques irréductiblement équivoques, mêlant des impressions de « déjà vu » aux pressentiments de catastrophes à la fois étranges, inouïes et joyeuses, propres au kafkaïsme.

Ce n'est donc qu'à la condition de refuser de séparer les divers genres d'écriture qu'on parviendra à saisir l'importance de la dimension, qu'on peut qualifier d'érotique, de cette catalyse littéraire d'une autre réalité et, tout particulièrement, en faisant une place privilégiée au genre « lettre à l'aimée », qui confine effectivement à la perversion, pour autant qu'il implique toujours le même genre de scénario stéréotypé, à savoir : la prise de possession épistolaire d'une femme qui, au départ, vous est presque inconnue et que vous finissez par séduire et enchaîner à distance, au point de la perturber gravement. Mais l'exploit qui consiste à maintenir en suspens, aussi longtemps que possible, ce genre de jouissance exacerbée et déterritorialisée trouve immanquablement sa limite.

Dans *Le Verdict* (qu'on peut tenir avec *La Métamorphose* pour une ultime tentative de conjuration des composantes diaboliques de la machine d'écriture – « tu étais au fond un enfant innocent, mais, plus au fond encore, un être diabolique »), Georges Bendemann, après avoir longuement hésité à écrire en Russie une lettre à son ami célibataire pour lui annoncer ses fiançailles, découvre avec stupeur que, de longue date, son père entretenait une correspondance parallèle à la sienne tendant, en quelque sorte, à la doubler et à la neutraliser; ce qui l'amène aussitôt à se suicider, en proclamant : « Et pourtant, chers parents, je vous ai toujours aimés. » En revanche, *Le Procès* s'engage sur des bases bien différentes; il y est indiqué, d'emblée, qu'une telle échéance suicidaire n'est plus à l'ordre du jour. Relevons, à ce propos, un incident, un de ces indices sémiotiques à partir desquels prolifère la création kafkaïenne, tournant ici autour de ce que j'appellerais la pomme de l'extrême limite. Aussitôt après son arrestation, Joseph K. mord à pleines dents dans une pomme – la dernière qui lui reste – et il se fait alors l'aveu que, tout compte fait, il la préfère de beaucoup au petit déjeuner que les policiers viennent de lui prendre ou au breuvage qu'il pourrait obtenir d'eux. Or, cette pomme, nous l'avons déjà rencontrée dans *La Métamorphose,* en tant que projectile mortel que Samsa reçoit de son père à l'instigation de sa sœur. Là aussi, c'est la dernière d'une série qu'il a crue, jusqu'alors, inoffensive. On ne retrouve donc plus, dans *Le Procès,* la connotation fatale que Kafka a conférée, dans *La Métamorphose,* à ce symbole traditionnel d'innocence et de péché, on remarquera, cependant, qu'elle continue de hanter ses significations potentielles, puisque Joseph K. s'applique à penser qu'il serait insensé de se suicider, uniquement parce que deux hommes sont en train de manger votre déjeuner dans une pièce voisine et parce que vous en êtes réduit à croquer une pomme... Non, décidément, mordre dans la pomme n'annonce plus la déchéance du pécheur – on devrait dire du fauteur de troubles –, mais marque plutôt son entrée délibérée, pour ne pas dire conquérante, dans l'univers clos d'une macération jubilatoire, ancrée sur une pseudo-culpabilité à haute teneur sexuelle, que les juges très spéciaux du *Procès* classeraient peut-être dans le registre de l'« atermoiement illimité ». Nous voilà ici renvoyés à une toute première utilisation initiatique de la pomme, dans *Amerika,* lorsque Karl Rossmann en recevait une en don de son amie Thérèse, à l'occasion de son départ mouvementé de l'Hôtel Occidental et de son entrée dans le monde interlope et fou de Delamarche et de Brunelda.

Durant des années, une part considérable du métabolisme littéraire de Kafka a tourné autour de cette « écharde dans la chair » de l'impossible relation à Félice. L'engrenage des lettres, les fiançailles à Berlin au printemps 1914, la première grande rupture suivie d'une reprise qui lui laissera trois mois après le sentiment d'être : « ligoté comme un criminel », le « tribunal de l'Askanischer Hof », les réconciliations, la recherche d'un logement, le choix d'un mobilier, le carrousel des visites aux familles et aux amis des familles. Et toujours le flux torrentueux des *Lettres* – à mon sens, le premier des chefs-d'œuvre. Et toujours la question lancinante : comment préserver la machine d'écriture. Comment éviter de donner prise aux griffes du réel : « Je m'inquiète de voir certaines de mes habitudes dérangées et mon unique concession consiste à jouer un peu la comédie. Elle a tort dans les petites choses, elle a tort quand elle défend ses droits prétendus ou réels, mais dans l'ensemble, elle est innocente, une innocente condamnée à une cruelle torture, c'est moi qui ai commis le mal pour lequel elle est condamnée et c'est moi, pour comble, qui sers d'instrument de torture. »

La délivrance, la « capitulation définitive » s'abattra sur lui avec la tuberculose : le 4 septembre 1817, Max Brod l'entraîne chez le médecin ; le 12 septembre, il se fait mettre en congé et s'installe chez sa sœur Ottla à Zürau ; le 19 septembre, il adresse une lettre d'adieu à Félice; le 27 décembre, rupture définitive. Accablement, crise de larmes au bureau de Brod... Mais il tient bon. Il est brisé. Il se raccroche de toutes ses forces à l'écriture; il travaille au *Procès*.

POSTFACE

Le présent dossier, où se trouvent consignées des
prises de position liées à l'actualité et des réflexions
sur diverses problématiques sociales, économiques,
psychologiques et esthétiques, à travers l'hétérogénéité
de ses angles d'approche, s'est efforcé de cerner
quelques paramètres cachés relatifs aux modes
contemporains de production de subjectivité – ceux,
consensuels, des formations capitalistiques et socialistes et ceux, dissidents, de minorités et de margi-
nalités de toutes sortes. Les perspectives qui y sont
exposées, tout en se rattachant à certaines intuitions
des alternatifs d'hier et d'aujourd'hui, pourraient aussi
bien s'articuler, à ce qu'il me semble, aux projections
les plus audacieuses de ceux qui font profession
d'imaginer notre futur. Peut-être aurait-on remarqué
que la plupart des thèmes évoqués dans *Les Années
d'hiver* ont déjà été abordés dans des ouvrages pré-
cédents et, quelquefois, de façon beaucoup plus
systématique. Cependant, il ne m'a pas semblé inutile
de les présenter sous cette forme plus fragmentaire,
comme à l'état naissant, pour avoir ré-émergé à partir
de préoccupations plus « cachées », ou même, tout

simplement, événementielles. À cela s'ajoute le fait que les textes regroupés ici amorcent un certain nombre de directions de recherche, en cours d'élaboration, dont je ne ferai, dans cette postface, qu'évoquer les principaux questionnements.

– Par quels moyens peut-on espérer accélérer la venue de ce que j'ai appelé une ère postmédia ? Quelles conditions théoriques et pragmatiques pourraient faciliter une prise de conscience du caractère « réactionnel » de l'actuelle vague de conservatisme, c'est-à-dire le fait qu'elle n'est pas le corrélat d'une évolution obligée de sociétés développées ?

S'il est vrai que les minorités organisées sont appelées à devenir les laboratoires de pensée et d'expérimentation des formes à venir de subjectivation, comment pourraient-elles être amenées à se structurer, à nouer des alliances entre elles et aussi avec des organisations de forme plus traditionnelle (partis, syndicats, associations de gauche), de façon à échapper à l'isolement et à la répression qui les menacent et tout en conservant leur indépendance et leurs traits spécifiques ? Même question pour les risques qu'elles encourent de récupération par l'État.

Comment envisager une prolifération de « devenirs minoritaires » permettant de démultiplier les facteurs d'autonomie subjective et d'autogestion économique au sein du champ social, qui sont par ailleurs compatibles avec les systèmes modernes de production et de circulation, dans la mesure où ceux-ci paraissent appeler toujours plus d'intégration, sinon de concentration, dans leurs procédures de décision ?

– Pour repenser l'ensemble des productions de subjectivité, il est nécessaire de re-définir l'inconscient

273

en dehors des cadres restreints de la psychanalyse. Il ne devrait plus être réductible en terme uniquement d'entités intrapsychiques ou de signifiant linguistique, mais engager également les diverses dimensions sémiotiques et pragmatiques afférentes à une multitude de territoires existentiels, de systèmes machiniques, d'univers incorporels. Pour le démarquer de l'inconscient psychanalytique – trop ancré, à mon gré, sur une appréhension identitaire et personnologique des formations du moi, des identifications et du transfert, et, de surcroît, irrémédiablement lesté par des conceptions fixistes et psychogénétiques en matière d'objet pulsionnel –, j'ai cru pouvoir le qualifier de schizo-analytique. Ce faisant, je n'avais pas l'intention de le rattacher de façon univoque à la psychose; je ne voulais lui conférer qu'un maximum de disponibilités à l'égard de toutes les variétés possibles de schizes subjectives – celle de l'amour, de l'enfance, de l'art... À la différence des complexes freudiens, les agencements schizo-analytiques sont le siège de transformations internes et de transferts entre des niveaux prépersonnels (ceux, par exemple, que Freud décrit dans sa *Psychopathologie de la vie quotidienne*) et des niveaux postpersonnels, qu'on pourrait aujourd'hui qualifier globalement de médiatiques, en élargissant la notion de média à tous les systèmes de communication, de déplacement et d'échange. L'inconscient, dans cette perspective, deviendrait « transversaliste ». Le don qu'il aura acquis de traverser les ordres les plus divers, il le tiendra de machines abstraites et singulières, ne s'accrochant à aucune substance d'expression particulière, sans constituer pour autant des universaux ou des mathèmes struc-

274

turaux. L'entité moïque, à laquelle était affectée l'essence du sujet et impartie la responsabilité des faits et gestes – réels et imaginaires – de la personne, ne sera plus alors considérée qu'à titre de carrefour plus ou moins transitoire d'agencements d'énonciation de nature, de taille, de durée différentes. (On pourrait retrouver, dans cette voie, sinon la lettre, du moins l'inspiration des cartographies animistes de la subjectivité.)

– L'enjeu de l'analyse changera radicalement. Il ne consistera plus à tenter de résoudre par le transfert et l'interprétation des tensions et des conflits, en quelque sorte « préprogrammés » au sein d'une psyché individuée, mais à développer les moyens de sémiotisation et les transferts d'énonciation propres à surmonter les décalages croissants qui s'instaurent dans nos sociétés entre :

1. des représentations des modes de perception et de sensibilité relatifs au corps, à la sexualité, à l'environnement social, physique, écologique, aux diverses figures de l'altérité et de la finitude, en tant qu'ils sont travaillés par des mutations technico-scientifiques, tout particulièrement dans les domaines de l'information et de l'image;

2. des structures sociales et institutionnelles, des systèmes juridiques et réglementaires, des appareils d'État, des normes morales, religieuses, esthétiques... qui, derrière une continuité apparente, se trouvent menacés, minés de l'intérieur, par les tensions déterritorialisantes du registre moléculaire précédent, ce qui les conduit à freiner des deux pieds devant tout processus évolutif, à devenir de plus en plus molaires,

275

à s'accrocher aux formes les plus obsolètes, dût leur efficience fonctionnelle en souffrir...

– À la différence du sujet transcendantal de la tradition philosophique (monade fermée sur elle-même que les structuralistes ont prétendu ouvrir à l'altérité par la seule vertu du signifiant linguistique), les agencements pragmatiques d'énonciation fuient de toute part. Leurs formations subjectives, s'instaurant à l'intersection de composantes hétérogènes, ne peuvent être réduites à une seule matière sémiotique. La subjectivité économique, par exemple, n'est pas de même nature que la subjectivité esthétique; l'Œdipe d'un garçonnet bien éduqué du XVIe arrondissement est d'un tout autre acabit que l'initiation au socius d'un pivete des favelas brésiliens... L'élucidation de la composition interne des agencements et les rapports qu'ils entretiennent entre eux impliquent la confrontation de deux sortes de logiques : celle des ensembles discursifs, qui régit les rapports entre des flux et des systèmes machiniques exo-référés à divers types de coordonnées énergético-spatio-temporelles, celles des corps sans organe non discursifs, qui régit les rapports entre des territoires existentiels et des univers incorporels endo-référés. L'entrée dans l'analyse de concepts tels que ceux d'endo-référence ou d'auto-organisation n'implique nulle sortie des champs ordinaires de rationalité scientifique, mais seulement une rupture avec le causalisme scientiste. On considérera, par exemple, qu'une cartographie schizo-analytique n'est pas « seconde » par rapport aux territoires existentiels qu'elle présentifie; on ne pourra même pas dire, à proprement parler, qu'elle les représente, puisque c'est la carte, ici, qui engendre, d'une certaine façon, les territoires en question. Problème connexe : toute production esthétique ne relève-t-elle pas, d'une manière ou d'une autre, de ce genre de cartographie, indépendamment de toute référence à une quelconque théorie de la sublimation des pulsions!

– Dès lors que la subjectivité inconsciente sera considérée sous l'angle de l'hétérogénéité de ses composantes, de sa productivité multiforme, de son intentionnalité micropolitique, de sa tension vers l'avenir plutôt que de sa fixation aux stratifications du passé, le point focal de l'analyse sera systématiquement déplacé des énoncés et des chaînons sémiotiques vers leurs instances énonciatrices. De l'analyse des données discursives on passera à l'examen des conditions constitutives du « donnant ». Il ne sera plus question de pourchasser le non-sens et l'errance paradigmatique pour les fixer, comme des papillons, sur des grilles interprétatives ou structuralistes. Les singularités de désir – ces résidus innommables du sens que les psychanalystes ont cru pouvoir répertorier à titre d'objets partiels et devant lesquels ils s'extasient, les bras ballants, depuis des décennies – ne seront plus acceptées comme des bornes de l'efficace analytique, mais traitées comme les amorces potentielles de relances processuelles. Plutôt que sur une castration symbolique, vécue comme résignation postœdipienne, l'accent sera mis sur les « choix de contingence » circonscrivant et donnant consistance existentielle à de nouveaux champs pragmatiques. La recherche portera un intérêt tout particulier à la vertu singulière des chaînons sémiotiques supportant ces choix (ritournelles, traits de visagéïté, devenir animaux, etc.) qui consiste à ce que, parallèlement à leurs fonctions de signification et de désignation, ils développent une fonction existentielle de catalyse de nouveaux univers de référence. Derrière le non-sens relatif d'un énoncé défaillant, ce n'est donc plus un sens caché que les pragmatiques schizo-analytiques iront débusquer, ou une latence pulsionnelle qu'elles s'efforceront de libérer; elles viseront le déploiement de ces matières incorporelles, insécables, indénombrables, dont l'expérience du désir nous a appris à reconnaître que leurs traits d'intensité peuvent nous porter loin de nous-mêmes, loin de nos encerclements territoriaux, vers des univers de possibles imprévus, inouïs; dès lors, à l'insignifiance passive, objet de prédilection des herméneutiques, sera substituée l'a-signifiance active des processus de singularisation existentielle.

Ces matières intensives, non discursives, à partir desquelles, cependant, sont tressés les agencements subjectifs, ne se maintiennent à l'existence qu'en se déterritorialisant continuellement en projectualité actuelle et virtuelle, et en se reterritorialisant en strates de réel et de possible, de sorte qu'on peut également les considérer comme autant de matières à option éthico-politiques. Toutes les terres de désir et de raison sont à portée de nos mains, de nos volontés, de nos choix individuels et collectifs... Mais en regard de l'ordre capitalistique des choses – monothéiste, mono-énergétiste, mono-signifiant, mono-libidinal, bref, radicalement désenchanté, rien ne peut évoluer qu'à la condition que tout reste par ailleurs en place. Les productions subjectives (les subjectivités) sont tenues de se soumettre à ces axiomes d'équilibre, d'équivalence, de constance, d'éternité...

278

Que nous restera-t-il, à ce compte, pour agripper une envie de vivre, de créer, une raison de mourir pour d'autres horizons? Quand tout peut équivaloir à n'importe quoi, plus rien ne vaut que les compulsions grimaçantes de l'accumulation abstraite des pouvoirs sur les personnes et les liens, et l'exaltation désolante des prestiges spéculaires. Dans ce genre de grisaille, la singularité et la finitude font nécessairement figure de scandale, tandis que l'incarnation et la mort sont ressenties comme des péchés plutôt que comme des rythmes de la vie du cosmos. Il ne s'agit certes pas de préconiser ici un retour aux sagesses orientales – porteuses des pires résignations. Pas question non plus de rejeter sans précautions, sans alternatives mûrement expérimentées, les grands équivalents capitalistiques : l'énergie, la libido, l'information... et même le capital, pour autant qu'il pourrait être reconverti en instrument fiable d'écriture économique! Il s'agit, là aussi, uniquement d'en réinventer l'usage; pas d'une manière dogmatique, programmatique, mais par la création d'autres chimies de l'existence, ouvertes à toutes les re-compositions et les transmutations du fait de ces « sels de singularité » dont l'art et l'analyse peuvent nous livrer le secret. Encore l'analyse! Mais où? Comment? Eh bien! partout où elle est possible, partout où remontent à la surface des contradictions insolubles, qu'il n'est aucunement question de contourner, d'affolantes ruptures de sens, qui nous font glisser sur les vagues de la quotidienneté, des amours impossibles et cependant parfaitement viables, toutes sortes de passions constructivistes minant les édifices de rationalité morbide... Individuelle, pour ceux à qui il est donné de conduire leur vie comme une œuvre d'art; duelle de toutes les façons possibles, y compris, pourquoi pas, assortie du divan psychanalytique, pour autant qu'il aurait été, au préalable, sérieusement dépoussiéré; multiple par des pratiques de groupe, de réseau, d'institution, de vie collective; micropolitique, enfin, par d'autres pratiques sociales, d'autres formes d'autovalorisations et d'engagements militants, afin que puissent être menées, à travers un décentrement systématique de désir social, des subversions douces, d'imperceptibles révolutions, qui finiront par changer la face du monde, par le rendre plus souriant, ce qui, avouez-le, ne serait pas un luxe!

Belém, août 1985.

1981 – NON À LA FRANCE
DE L'APARTHEID
(ou le nouveau manifeste des 121) [1]

La France se replie sur elle-même. Elle a peur pour son standing, sa tranquillité et même la couleur de sa peau. Comme l'Allemagne de 1933, elle s'invente des boucs émissaires.

Un jour, ce sont les immigrés, le bulldozer de Vitry prenant le relais des mesures Bonnet-Stoléru et des ratonnades de Bondy. Le lendemain, ce sont les jeunes, leur petite délinquance, influencée par le chômage dont elle est loin pourtant d'épouser la courbe, justifie l'union sacrée des représentants de tous les partis et la loi Sécurité et liberté.

L'ennemi est à l'intersection de ces deux camps, mais personne – ou presque – n'a encore osé le nommer clairement : c'est le jeune immigré, et plus précisément *le jeune Maghrébin et le jeune Noir*.

Car à y regarder de plus près, il y a dans ce pays deux politiques de l'immigration : l'une d'intégration, assortie d'une arrière-pensée nataliste, pour les bons,

1. Texte collectif mis en circulation, début 1981, par le Centre d'Initiative pour de Nouveaux Espaces de Liberté (CINEL) dont l'auteur de ce livre est l'un des animateurs.

c'est-à-dire pour ceux qui ont le type européen; l'autre de ségrégation et de rejet, dans la plus pure tradition du racisme colonial, pour les mauvais, c'est-à-dire pour ceux qui viennent principalement du continent africain.

Comme il y a deux politiques de la jeunesse : l'une élitiste et l'autre de précarisation et de contrôle social pour le plus grand nombre, en particulier tous ceux qui sont parqués dans les banlieues-dépotoirs.

Les jeunes « immigrés » du sud de la Méditerranée sont, au bout du compte, pris deux fois dans le colimateur.

Les quotas que les maires communistes veulent maintenant imposer, pour préserver la paix de leurs communes, ne visent personne d'autres. Et lorsque M. Peyrefitte se propose d'agrandir les prisons, c'est bien encore ceux-ci qui sont visés, dans le prolongement de la même logique, puisque près de trois quarts des détenus mineurs, fabriqués par notre société, portent aujourd'hui des noms arabes.

Seule la nouvelle droite a osé formuler ouvertement son émoi à propos d'un phénomène qui inquiète beaucoup de monde mais sur lequel on garde hypocritement le silence, à savoir que la stagnation démographique globale de la France s'accompagne d'un baby-boom au sein de la population étrangère.

Le Français moyen serait prêt à s'accommoder d'un tel appoint démographique, mais uniquement à la condition que son narcissisme racial n'en soit pas affecté. En revanche, il s'affole, il devient proprement délirant (comme dans cette autre puissance coloniale que fut la Grande-Bretagne) à l'idée que son pays puisse être souillé par la prolifération sur son sol de

« gens de couleur ». Que le phénomène s'accentue et il se transformera bientôt en sudiste, en petit blanc du Transvaal, en défenseur grotesque mais combien redoutable d'une civilisation raciale aux abois.

Comment ne pas craindre le pire puisque le P.C.F., qui était censé défendre l'opprimé, a lui-même basculé? Gérant en grande partie la périphérie de nos villes rénovées et blanchies, il l'épure à son tour, se transformant objectivement en rempart contre les intrus.

Un consensus s'instaure. Les mesures gouvernementales et municipales (de quelque obédience qu'elles soient) se complètent admirablement. Ségrégation du logement, puis intimidations de toutes natures à l'égard des immigrés prétendument non assimilables et refus systématiques du droit d'asile aux ressortissants d'Afrique : tout est mis en œuvre pour que soient étouffées les questions politiques et sociales que pose, au sein de la société française, l'existence d'une communauté non blanche de plus de trois millions de personnes (Antillais et harkis inclus). Le racisme et le nationalisme le plus étroit ont tacitement force de lois.

Un apartheid administratif est d'ores et déjà institué. Son rouage le moins connu et le plus radical est celui des *expulsions.*

Si, depuis le blocage de l'immigration en 1974, le nombre de celle-ci est monté rapidement à cinq mille par an, il semble, à de multiples indices, qu'il va presque tripler en 1981. Mais à ce chiffre il conviendrait d'ajouter celui, autrement plus lourd, des refoulements pour non-renouvellement des titres de séjour ainsi que les départs dits « volontaires » dus au chômage, aux tracasseries administratives et au climat de haine ambiant.

75 % des expulsés officiellement reconnus sont des jeunes Maghrébins de moins de vingt-cinq ans, de sexe masculin. Souvent nés en France ou y ayant grandi, ils sont ainsi brutalement séparés de leurs sœurs et de leurs compagnes, et arrachés du tissu social qui fut le leur depuis leur enfance.

Il suffit que ces adolescents aient commis deux délits, même infimes, pendant leur minorité, pour être convoqués, parfois des années plus tard, devant une commission d'expulsion préfectorale et conduits deux mois après au bateau ou à l'avion. Leur sort dépend donc presque entièrement du policier qui décida un jour de constituer leur dossier, voire du premier délateur venu.

Ils se retrouvent ainsi à Alger, Casablanca ou Tunis, dans un pays qu'ils connaissent à peine et dont ils assument mal les coutumes. S'ils y retrouvent leurs familles, ils s'y réinsèrent difficilement car ils avaient souvent fait le choix de vivre sur un mode différent.

Le cas des jeunes Algériens est encore plus paradoxal puisqu'ils sont de plus en plus nombreux à posséder d'office la nationalité française. C'est là une « conséquence » de l'indépendance de l'Algérie qui perd ses enfants dès lors qu'ils sont nés en France à partir de 1963. Ainsi les premiers d'entre eux, atteignant *cette année* leur majorité légale, ont-ils le droit de voter. Mais le régime giscardien, semblant les considérer comme un cadeau empoisonné, a trouvé un chantage odieux pour les neutraliser. Il s'attaque à leurs frères aînés, demeurés étrangers, se débarrasse du maximum d'entre eux dans les délais les plus rapprochés, déstructurant ainsi les familles, mettant les plus jeunes devant le dilemme tragique de les renier ou de repartir avec elles.

Cependant, les jeunes expulsés sentent viscéralement qu'ils sont ici « chez eux ». Après quelques semaines d'errance, parfois de profond désarroi qui en a conduit plusieurs dizaines au suicide, beaucoup reviennent en France clandestinement.

Ainsi est en train de se développer dans ce pays une société souterraine, traquée, mais de plus en plus organisée et chaleureuse qui fonctionne grâce à la complicité des cités-ghettos mais aussi à la solidarité grandissante de Français qui, ayant rencontré, estimé, aimé à travers leur activité professionnelle ou leur vie de tous les jours ces maquisards involontaires d'une nouvelle guerre coloniale inavouée, ont ressuscité les « réseaux de soutien » de jadis et en acceptent les risques.

Il est temps de faire connaître ouvertement cette réalité.

C'est pourquoi les soussignés,

– révoltés par ce drame humain qui n'a, toutes proportions gardées, rien à envier à celui des *boat-people* qui fit, il y a peu, l'unanimité des émotions;

– scandalisés par la mise en place, en France, d'un système d'apartheid occulte et par la lâcheté des élus de toutes tendances qui le couvrent;

– conscients de la subtile fascisation des mentalités qu'il entraîne et donc de la fascisation du régime dans son ensemble;

– convaincus que l'évolution normale, irréversible, de nos sociétés économiquement développées, devenues des pôles d'attraction mondiaux, va dans le sens

285

de la multiracialité, elle-même garante de tout vrai développement culturel;

se déclarent prêts à aider à leur tour, par tous les moyens légaux et *illégaux*, toute personne menacée d'être expulsée de ce pays alors qu'elle tient à y vivre, pour y avoir grandi, travaillé ou s'y être réfugiée pour des raisons politiques; et ceci, jusqu'à ce que le droit d'y résider lui soit pleinement reconnu.

GLOSSAIRE DE SCHIZO-ANALYSE

Agencement : notion plus large que celle de structure, système, forme, procès, etc. Un agencement comporte des composantes hétérogènes, aussi bien d'ordre biologique, social, machinique, gnoséologique, imaginaire. Dans la théorie schizo-analytique de l'inconscient, l'agencement est conçu pour faire pièce au « complexe » freudien.

A-signifiant : on distinguera les sémiologies signifiantes – celles qui articulent des chaînes signifiantes et des contenus signifiés – des sémiotiques a-signifiantes qui œuvrent à partir de chaînes syntagmatiques sans engendrement d'effet signification, au sens linguistique, et qui sont susceptibles d'entrer en prise directe avec leurs référents dans le cadre d'une interaction diagrammatique. Exemple de sémiotique a-signifiante : l'écriture musicale, les corpus mathématiques, les syntaxes informatiques, robotiques, etc.

Arche-écriture : expression avancée par Jacques Derrida qui émet l'hypothèse d'une écriture au fondement

Ce glossaire a été rédigé à la demande des éditeurs anglais de *La Révolution moléculaire : Molecular Revolution – Psychiatry and Politics,* traduit par Rosemary Sheed et introduit par David Cooper, Penguin Books, 1984.

du langage oral. Cette écriture de traces, d'empreintes, se conservant en espace d'inscriptions, serait logiquement antérieure aux oppositions temps et espace, signifié et signifiant. La schizo-analyse objecte à cette conception sa vision encore trop totalisante, trop « structuraliste » de la langue.

Devenir : terme relatif à l'économie du désir. Les flux de désir procèdent par affects et devenirs, indépendamment du fait qu'ils puissent être ou non rabattus sur des personnes, des images, des identifications. Ainsi un individu, anthropologiquement étiqueté masculin, peut-il être traversé de devenirs multiples et, en apparence, contradictoires : devenir féminin coexistant avec un devenir enfant, un devenir animal, un devenir invisible, etc.

Une langue dominante (une langue opérant sur un espace national) peut être localement prise dans un devenir minoritaire. Elle sera qualifiée de langue mineure. Exemple : le dialecte allemand de Prague utilisé par Kafka (cf. Klaus Wagenbach, *Franz Kafka*, Mercure de France, 1967).

Bloc : terme proche de celui d'agencement [1]. Il ne s'agit pas de complexes infantiles, mais de cristallisations de systèmes d'intensités traversant les stades psychogénétiques et susceptibles d'opérer à travers les systèmes perceptifs, cognitifs, affectifs les plus divers. Exemple de bloc d'intensité : les ritournelles musicales chez Proust, la « petite phrase de Vinteuil ».

Coupure : les machines désirantes sont caractérisées comme systèmes de coupure des flux. Dans *L'Anti-*

1. Introduite avec la notion de « bloc d'enfance », dans *Kafka pour une littérature mineure* de Deleuze et Guattari, Éd. de Minuit, 1975.

Œdipe, le terme de coupure est inséparable de celui de flux. (« Connecticut, connect – I cut », crie le petit Joey de Bettelheim – *L'Anti-Œdipe,* p. 45).

Codage, sur-codage : la notion de code est employée dans une acception très large ; elle peut concerner les systèmes sémiotiques aussi bien que les flux sociaux et les flux matériels : le terme de surcodage correspond à un codage au second degré. Exemple : des sociétés agraires primitives, fonctionnant selon leur propre système de codage territorialisé, sont surcodées par une structure impériale, relativement déterritorialisée, leur imposant son hégémonie militaire, religieuse, fiscale, etc.

Production désirante : (économie désirante). À la différence de la conception freudienne, le désir n'est pas associé à la représentation. Indépendamment des rapports subjectifs et intersubjectifs, il est directement en position de produire ses objets et les modes de subjectivation qui leur correspondent.

Énonciation collective : les théories linguistiques de l'énonciation centrent la production linguistique sur des sujets individués, bien que la langue, par essence, soit sociale et soit, en outre, branchée diagrammatiquement sur les réalités contextuelles. Au-delà des instances individuées de l'énonciation il convient donc de mettre à jour ce que sont les *agencements collectifs d'énonciation.* Collectif ne doit pas être entendu ici seulement dans le sens d'un groupement social ; il implique aussi l'entrée de diverses collections d'objets techniques, de flux matériels et énergétiques, d'entités incorporelles, d'idéalités mathématiques, esthétiques, etc.

Flux : les flux matériels et sémiotiques « précèdent » les sujets et les objets ; le désir, comme économie de flux, n'est donc pas d'abord subjectif et représentatif.

Groupe sujet/production de subjectivité : la subjectivité n'est pas envisagée ici comme chose en soi, essence immuable. Telle ou telle subjectivité existe selon qu'un agencement d'énonciation la produit ou non. (Exemple : le capitalisme moderne, par le moyen des médias et des équipements collectifs, produit à grande échelle un nouveau type de subjectivité.) Derrière l'apparence de la subjectivité individuée, il convient de chercher à repérer ce que sont les réels procès de subjectivation.

Les groupes sujets sont opposés aux groupes assujettis. Cette opposition implique une référence micropolitique : le groupe sujet a pour vocation de gérer, dans toute la mesure du possible, son rapport aux déterminations extérieures et à sa propre loi interne. Le groupe assujetti, au contraire, tend à être manipulé par toutes les déterminations extérieures et à être dominé par sa propre loi interne (Sur-moi).

Imaginaire-fantasme : dans la mesure où l'imaginaire et le fantasme ne sont plus en position centrale dans l'économie du désir de la schizo-analyse, ces instances devront être recomposées au sein de notions telles que celles d'agencement, de bloc, etc.

Interaction sémiotique et diagrammatisme : diagramme : expression reprise à Charles Sanders Pierce [1]. Cet auteur classe les diagrammes parmi les icônes; il parle à leur propos d'« icônes de relation ». Les interactions diagrammatiques (ou interactions sémiotiques), dans la terminologie présente, s'opposent aux

1. I, *Principles of Philosophy. Element of Logic,* Collected papers, Belknap Press Harvard.

redondances sémiologiques. Les premières font travailler les systèmes de signes directement avec les réalités auxquelles elles se réfèrent; elles œuvrent à une production existentielle de référent, tandis que les secondes ne font que représenter, en donner des « équivalents » sans prise opératoire. Exemple : les algorithmes mathématiques, les plans technologiques, les programmations informatiques participent directement au processus d'engendrement de leur objet, alors qu'une image publicitaire n'en donnera qu'une représentation extrinsèque (mais elle est alors productrice de subjectivité).

Machine (et machinique) : on distinguera ici la machine de la mécanique. La mécanique est relativement fermée sur elle-même; elle n'entretient que des rapports parfaitement codés avec les flux extérieurs. Les machines, considérées dans leurs évolutions historiques, constituent, au contraire, un phylum comparable à ceux des espèces vivantes. Elles s'engendrent les unes les autres, se sélectionnent, s'éliminent, font apparaître de nouvelles lignes de potentialité.

Les machines, au sens large, c'est-à-dire non seulement les machines techniques, mais aussi les machines théoriques, sociales, esthétiques, etc., ne fonctionnent jamais isolément, mais par agrégat ou par agencement. Une machine technique, par exemple, dans une usine, est en interaction avec une machine sociale, une machine de formation, une machine de recherche, une machine commerciale, etc.

Moléculaire/molaire : les mêmes éléments existant dans des flux, des strates, des agencements peuvent être organisés sur un mode molaire ou sur un mode moléculaire. L'ordre molaire correspond aux stratifications qui délimitent des objets, des sujets, les représentations et leurs systèmes de référence. L'ordre moléculaire, au contraire, est celui des flux, des devenirs, des transitions de phases, des intensités. Cette traversée moléculaire des strates et des niveaux, opérée par les différentes sortes d'agencements, sera appelée « tranversalité ».

Objet petit « a » : terme proposé par Lacan dans le cadre d'une théorie généralisée des objets partiels en psychanalyse. L'objet petit « a » est une fonction impliquant aussi bien l'objet oral, l'objet anal, le pénis, le regard, la voix, etc. À cet objet petit « a » j'avais suggéré à Lacan d'adjoindre des objets petit « b », correspondant aux objets transitionnels de Winnicott, et les objets petit « c », aux objets institutionnels.

Corps sans organe : notion reprise par Gilles Deleuze à Antonin Artaud pour marquer le degré zéro des intensités. La notion de corps sans organe, à la différence de celle de pulsion de mort, n'implique aucune référence thermodynamique.

Personnologique : adjectif pour qualifier les relations molaires dans l'ordre subjectif. L'accent mis sur le rôle des personnes, des identités et des identifications, caractérise les conceptions théoriques de la psychanalyse. L'œdipe psychanalytique met en jeu des personnes, des personnages typifiés; il réduit les intensités, projette le niveau moléculaire des investissements sur un « théâtre personnologique », c'est-à-dire sur un système de représentations coupé de la production désirante réelle (expression équivalente : triangulation œdipienne).

Plan de consistance : les flux, les territoires, les machines, les univers de désir, quelle que soit leur différence de nature, se rapportent au même plan de consistance (ou plan d'immanence) qui ne doit pas être confondu avec un plan de référence. En effet, ces différentes modalités d'existence des systèmes d'intensités ne relèvent pas d'idéalités transcendantales mais de processus d'engendrement et de transformation réels.

Politique de secteur : à partir de 1960, les pouvoirs publics en France, s'appuyant sur les courants progressistes de la psychiatrie institutionnelle, ont voulu faire sortir la psychiatrie des grands hôpitaux psychiatriques répressifs. On prétendait alors rapprocher la psychiatrie de la cité. Cela a conduit à la création de ce qu'on a appelé les équipements extra-hospitaliers : dispensaires, foyers, ateliers protégés, hôpitaux de jour, visite à domicile, etc. Cette expérience réformiste a transformé l'aspect social extérieur de la psychiatrie sans aboutir pour autant à une véritable entreprise de désaliénation. On a miniaturisé les équipements psychiatriques; on n'a pas fondamentalement changé les rapports de ségrégation et d'oppression.

Processus : suite continue de faits ou d'opérations qui peuvent aboutir à d'autres suites de faits et d'opérations. Le processus implique l'idée d'une rupture permanente des équilibres établis. Le terme n'est pas employé ici au sens où la psychiatrie classique parle de processus schizophrénique, qui implique toujours l'arrivée à un état terminal. Il est proche, au contraire, de ce qu'Ilya Prigogine et Isabelle Steingers appellent les « processus dissipatifs [1] ».

Redondance : ce terme a été forgé par les théoriciens de la communication et par les linguistes. On appelle

1. *La Nouvelle Alliance, métamorphose de la science,* I. Prigogine, I. Steingers, Gallimard, 1980, p. 152.

redondance la capacité inutilisée d'un code. G. Deleuze, dans *Différence et Répétition,* distingue la répétition vide de la répétition complexe, en tant que cette dernière ne se laisse pas réduire à une répétition mécanique ou matérielle. Ici également on trouvera l'opposition entre redondance signifiante, coupée de toute prise sur la réalité, et redondance machinique, productive d'effet sur le réel.

Rhizome, rhizomatique : les diagrammes arborescents procèdent par hiérarchies successives, à partir d'un point central, chaque élément local remontant à ce point central. Au contraire, les systèmes en rhizomes ou en treillis peuvent dériver à l'infini, établir des connexions transversales sans qu'on puisse les centrer et les clôturer. Le terme « rhizome » a été emprunté à la botanique où il définit les systèmes de tiges souterraines de plantes vivaces qui émettent des bourgeons et des racines adventives à leur partie inférieure. (Exemple : rhizome d'iris.)

Schizes : système de coupures qui ne sont pas seulement d'interruption d'un processus, mais de carrefour de processus. La schize porte en elle un nouveau capital de potentialité.

Schizo-analyse : alors que la psychanalyse partait d'un modèle de psyché fondé sur l'étude des névroses, axé sur la personne et les identifications, œuvrant à partir du transfert et de l'interprétation, la schizo-analyse s'inspire plutôt de recherches portant sur la psychose; elle refuse de rabattre le désir sur les systèmes personnologiques; elle dénie toute efficace au transfert et à l'interprétation.

Territorialité, déterritorialisation, reterritorialisation : la notion de territoire est entendue ici dans un sens très large, qui déborde l'usage qu'en font l'éthologie et l'ethnologie. Le territoire peut être relatif à un espace vécu, aussi bien qu'à un système perçu au sein duquel un sujet se « sent chez lui ». Le territoire est synonyme d'appropriation, de subjectivation fermée sur elle-même. Le territoire peut se déterritorialiser, c'est-à-dire s'ouvrir, s'engager dans des lignes de fuite, voire se déliter et se détruire. La reterritorialisation consistera en une tentative de recomposition d'un territoire engagé dans un processus déterritorialisant.

Le capitalisme est un bon exemple de système permanent de reterritorialisation : les classes capitalistes tentent constamment de « rattraper » les processus de déterritorialisation dans l'ordre de la production et des rapports sociaux. Il tente ainsi de maîtriser toutes les pulsions processuelles (ou phylum machinique) qui travaillent la société.